从霍布斯出发
Starting with Hobbes

[英] 乔治·麦克唐纳·罗斯 著

周婕睿 马瑞洁 苏珊珊 译

黑龙江出版集团
黑龙江教育出版社

版权登记号：08-2016-097

图书在版编目（CIP）数据

从霍布斯出发/（英）乔治·麦克唐纳·罗斯著；周婕睿，马瑞洁，苏珊珊译.——哈尔滨：黑龙江教育出版社，2017.6
ISBN 978-7-5316-9359-8

Ⅰ.①从… Ⅱ.①乔… ②周… ③马… ④苏… Ⅲ.①霍布斯（Hobbes, Thomas 1588-1679）—哲学思想—研究 Ⅳ.① B561.22

中国版本图书馆 CIP 数据核字（2017）第 161734 号

Starting with Hobbes © George Macdonald Ross, 2009
This translation is published by arrangement with Bloomsbury Publishing Plc
Simplified Chinese edition copyright © 2017 by Heilongjiang Education Publishing House
Simplified Chinese rights arranged through CA-LINK International LLC
ALL RIGHTS RESERVED

从霍布斯出发
CONG HUOBUSI CHUFA

作　　者	[英]乔治·麦克唐纳·罗斯　著
译　　者	周婕睿　马瑞洁　苏珊珊　译
选题策划	王毅
责任编辑	田洁
装帧设计	Amber Design 琥珀视觉
责任校对	张爱华

出版发行	黑龙江教育出版社（哈尔滨市南岗区花园街 158 号）
印　　刷	北京鹏润伟业印刷有限公司
新浪微博	http://weibo.com/longjiaoshe
公众微信	heilongjiangjiaoyu
天 猫 店	https://hljjycbsts.tmall.com
E-mail	heilongjiangjiaoyu@126.com
电　　话	010—64187564

开　　本	880×1230　1/32
印　　张	7.25
字　　数	158 千
版　　次	2017年8月第1版　2017年8月第1次印刷
书　　号	ISBN 978-7-5316-9359-8
定　　价	36.00 元

目录

序   001

第一章 走近霍布斯   001
第一节 早年生活   002
第二节 卡文迪许家族   003
第三节 第二代德文郡伯爵的家庭教师   004
第四节 杰维斯·克利夫顿的家庭教师   006
第五节 第三代德文郡伯爵的家庭教师   007
第六节 流亡巴黎   008
第七节 还乡   012
第八节 晚年   014

第二章 认识论   017
第一节 中世纪知觉论   018
第二节 伽利略的知觉论   019
第三节 笛卡儿的知觉论   021

第四节　霍布斯的知觉论　　　　　　　　023

第五节　光的本质　　　　　　　　　　　026

第六节　霍布斯解释的特点　　　　　　　028

第七节　知觉与行动　　　　　　　　　　030

第八节　"第一性质"和"第二性质"　　032

第九节　科学知识　　　　　　　　　　　037

第十节　语言　　　　　　　　　　　　　042

第十一节　推理　　　　　　　　　　　　048

第十二节　意义的替代理论　　　　　　　049

第三章　唯物论　　　　　　　　　　　055

第一节　引言　　　　　　　　　　　　　056

第二节　实体　　　　　　　　　　　　　057

第三节　非物质实体　　　　　　　　　　058

第四节　人类的灵魂　　　　　　　　　　061

第五节　非真空　　　　　　　　　　　　067

第六节　共相　　　　　　　　　　　　　071

第七节　真理　　　　　　　　　　　　　078

第八节　无限　　　　　　　　　　　　　080

第九节　几何　　　　　　　　　　　　　085

第十节　原因　　　　　　　　　　　　　089

第十一节　意动　　　　　　　　　　　　095

第十二节　决定论　　　　　　　　　　　098

第四章 论人类 103
- 第一节 引言 104
- 第二节 欲望和反感 105
- 第三节 善与恶 107
- 第四节 权衡和意志 110
- 第五节 自由论和决定论 113
- 第六节 人类的平等 119
- 第七节 自然状态 122
- 第八节 自然法则 125

第五章 社会 131
- 第一节 社会科学 132
- 第二节 社会契约的创立 136
- 第三节 社会契约在历史上存在过吗？ 140
- 第四节 按约建立的国家和以力取得的国家 143
- 第五节 君主制、贵族制、民主制 146
- 第六节 不可分割的主权 150
- 第七节 专制统治下的生灵 152
- 第八节 论思想自由 157

第六章 宗教 161
- 第一节 霍布斯——圣公会教徒 162
- 第二节 从希腊哲学看基督教会的腐败 166
- 第三节 关于上帝是否存在的争论 173

第四节	物质的上帝	180
第五节	来世	188

第七章　霍布斯的影响　　195

第一节	宗教和政治哲学	196
第二节	形而上学	201
第三节	总结	208

参考文献	210
索引	215
内容简介	218
作者简介	218
译者简介	218

序

霍布斯曾经有一个目标：把他全部的哲学思想构筑成一个逻辑缜密、井井有条的系统，它由三部独立的书卷构成：《论物体》(*On Body*)、《论人》(*On the Human Being*) 和《论公民》(*On the Citizen*)。事实上，他先完成了《论公民》，随后完成另外两部。本书将遵照霍布斯本人的思路概述他的哲学思想：第一章走近霍布斯，介绍霍布斯的生平和著作；第二章介绍认识论，该理论支撑了霍布斯的整个哲学体系；第三章将仔细讨论他的唯物论，毫无疑问，该理论是《论物体》的核心思想，霍布斯认为，只有物质性物体才是存在的；第四章论人类，霍布斯从唯物主义角度对人类心理学加以阐释；第五章论及霍布斯对于一个公民社会形成方式的解释——人类是自私的，又是脆弱的，那么，人类是如何齐聚一堂并逐步形成一个公民社会的呢？此外，霍布斯的宗教信仰是贯穿他所有著作的普遍主题，因此我们将在第六章对此进行讨论；第七章论述霍布斯的影响。

霍布斯的思想并非凭空想象，他的著作也并非凭空捏造，这些都是来自同时代的其他哲学家的辩论。他生活的年代正值西方思想史上

从霍布斯出发
Starting with Hobbes

百家争鸣的阶段——一个见证本质上属于中世纪世界观的哲学和自然科学向近代思想过渡的阶段。霍布斯正是那场现代化革命的领袖之一。因此,尤其在本书的前几个章节,我将霍布斯的理论和理念与古代和中世纪思想家的理念进行对比。另外,我还将霍布斯的哲学观点与同时代现代主义者的观点进行异同点比较,尤其是与勒内·笛卡儿的进行比较。

相比单纯断言霍布斯的观点,我更倾向让霍布斯尽可能地为自己代言,遵循这种对策有两个好处:第一,使读者感受到霍布斯的思考和写作风格,让读者自己了解他的观点;第二,它证明了我阐述的正是霍布斯真实的观点,并为想要进一步了解某个特定话题的读者指明方向。

然而,该对策也会带来一个问题。我长期在一所高标准入学要求的大学教授本科生霍布斯的哲学。部分学生可能阅读过注释详尽的莎士比亚作品或者部分《圣经》内容,除此之外,很显然大部分学生几乎没有读过17世纪早期的英文作品。他们读不懂霍布斯大部分的语言,也不愿意或没法耗费如此长的时间用第二版《牛津英语词典》这样古老的词典查生词或者词义早已发生变化的单词。

在一门比较霍布斯和笛卡儿哲学思想的课上,当回答课程评估问卷时,我认识到这个问题的严重性。在课上,我给了学生霍布斯的原版文本以及笛卡儿的今译版本。当我问他们更喜欢哪个哲学家并要求说明原因的时候,一位学生说他更喜欢笛卡儿,他的理由是:"为什么霍布斯不能像笛卡儿那样用得体的近代英语写书?"我确信,那位同学一定为这个反问句中暗含的讽刺沾沾自喜,但这个例子却也生动地说明如果学生不能够理解哲学家的语言,他们便不会接受其思想。我们不要求学生能够读懂用17世纪法语书写的笛卡儿作品,因为娴熟的法语不是大学录取要求。同样,娴熟的17世纪英语也不是录取要求,何况英语在这四个世纪中发生了翻天覆地的变化。

因此,我决心将霍布斯作品中的必读部分翻译成现代英语,这样霍布斯就能与笛卡儿"公平竞争"了。但这绝非易事,因为相当多的学者不赞成将早期哲学家的英语翻译成现代英语。他们反对的意见如下:

第一,翻译会促使译者对原文产生个人理解,这样读者可能不能准确地理解原文。这是事实,但认为不应该阅读翻译版外文作品的观点也同样存在争议。在现实中,如果我们要求学生阅读原著(理应如此),呈现给他们的文本语言必须得是他们能够理解的。哲学的发展依靠的不是语言运用,而是对理念与概念的理解和评价,理念和概念不该因为那些不必要的语言问题变得含混不清。

第二,如果学生读不懂用17世纪英语所写的哲学作品,他们就不该被大学录取。倘若这种状况指日可待,可谓绝妙,就如19世纪以前的学生都能读懂希腊语的柏拉图作品和拉丁语的西塞罗作品。然而事实并非如此,如果真的存在这种要求,那么作为一门大学学科,哲学将会荡然无存。

第三,霍布斯是一位才华横溢的英语作家,倘若他的作品以平庸乏味的近代英语呈现给读者,不得不说是一种遗憾。这个观点不偏不倚,但如果霍布斯的思想不能够被我们理解,他的才华便不复存在了。对于哲学家,我们关注的主要是他的思想,而不是文学风格。

从霍布斯出发
Starting with Hobbes

为了应对学者们对将霍布斯的语言翻译成现代英语的严苛态度,我首先集中精力将他的拉丁语作品翻译为现代英语。有趣的是,霍布斯和笛卡儿两人著书时都时而用拉丁语,时而用英语或法语。人们不应该反对将《第一哲学沉思集》《哲学原理》等笛卡儿的拉丁语作品翻译成现代英语,所以也不应该反对将霍布斯的拉丁语作品翻译成现代英语。即便这样,仍然有一个问题——大部分霍布斯的拉丁语作品,例如《论物体》《论公民》都几乎是在完成后立即被翻译成英语的。尽管无法确定是否经霍布斯本人授权,但许多关于霍布斯的书籍将这些译本视为霍布斯本人的语言。视同时期译本为权威,并提供对大部分读者来说晦涩难懂的文本势必产生双重缺点。我认为,我们就该把这些作品翻译成现代英语。

作为霍布斯最著名的作品,《利维坦》(*Leviathan*)存在一个特殊的问题。尽管霍布斯以拉丁语开始写作,最终却以英语完成这部作品。随后,在他行将就木之时,为了确保他的遗产脱离英语世界,他将它翻译成了拉丁语。这样就产生了一个问题:哪一个版本才是权威版本?其中一个观点是后者更具权威性,因为它反映的观点更加成熟。值得注意的是,拉丁语版本在阿姆斯特丹出版,尽管英国审查员不赞同霍布斯的宗教和政治观点,但他们鞭长莫及。另外,尽管拉丁语版本的附录对理解霍布斯宗教观至关重要,但是英语版本中大量有趣的素材在拉丁语版本中被剔除了。

我的对策是将霍布斯的拉丁语作品作为默认版本翻译成现代英语。对于他仅仅在英语版本里提到的内容,我会采用翻译拉丁语、法语或是其他任何语言版本的方法将它们翻译成现代英语。并且，我将引用若干用英语书写而未被翻译成拉丁语的作品，并同样将它们翻译成现代英语。我承认，翻译过程中总会失去一些东西，但我希望任何一位读者通过阅读这本书开始了解霍布斯，并继续阅读他的原著。

霍布斯绝大多数的作品都被分割成短小的、编号的章节。我对作品的参考运用了霍布斯本人的编号方式，这种方式与其他印刷版本的页码索引相比更为准确，也同样有理有据。《利维坦》是一个特例，因为它的章节很长，时而参考拉丁语版本，时而参考英语版本会增加工作的复杂性。碰巧，由埃德温·柯利（Edwin Curley）所编，托马斯·霍布斯（Thomas Hobbes）所著，印第安纳波利斯/剑桥：哈克特（Hackett）出版有限公司出版的1994年版《利维坦》定价合理，而且包括了英语文本和所有重要的拉丁语变体的翻译。虽然本书引用的实际文本为我自己对霍布斯拉丁语和英语版的翻译，但是为了便于查阅，我采用了柯利版本的页码[①]。

[①] 在本书中我用缩写CL表示柯利版本的《利维坦》，CL后跟的数字表示此版本中所对应的页码。

走近霍布斯

第一章

从霍布斯出发
Starting with Hobbes

第一节 早年生活

1588年4月5日，托马斯·霍布斯生于英格兰威尔特郡马姆斯伯里镇（Malmesbury）附近的韦斯特波特（Westport）村。当时，西班牙的入侵迫在眉睫，引起人们的大规模恐惧。因此，霍布斯常说自己的懦弱本性正是因为母亲将恐惧遗传给了未出生的自己。他的父亲是一位愚昧无知、一事无成的教区牧师，他最终抛弃了家庭。霍布斯只得由叔叔弗朗西斯抚养。弗朗西斯靠贩卖手套起家，有足够的经济能力支持霍布斯的学业，而且他还将一些租用的耕地作为遗产留给了霍布斯。

在4—14岁这一阶段，霍布斯曾在当地多所学校学习。在1602年或1603年，他前往牛津大学莫德林学院深造。尽管在当时14岁就读大学并不稀奇，但是霍布斯的确属于年龄最小的一批学生。即便如此，他有扎实的基础知识，是一位相当优秀的学生。他能将欧里庇得斯的《美狄亚》①由希腊语翻译成拉丁语，并将其赠予他的老师罗伯特·拉蒂默。然而，在大学里，他并不热衷于学习亚里士多德的逻辑学和哲学、修辞学名著、道德哲学及历史、数学和科学。据他而言，他并不是特别刻苦勤勉的学生，但他的学习涉及范围之广对其之后启发之深是

---

① 《美狄亚》（Medea）：古希腊三大悲剧之一，讲述了曾盗取"金羊毛"的英雄伊阿宋抛弃妻儿后，其妻子美狄亚的故事。——译注

他自己也始料未及的。1608年,他终于毕业了。

第二节 卡文迪许家族

同年晚些时候,通过学院院长的推荐,霍布斯担任威廉·卡文迪许(William Cavendish)的家庭教师。至此,他的大半生都是与该家族的几代人共同度过的。由于该家族的相关成员名字几乎相同,容易混淆,有必要将他们一一列出。

哈德威克的贝丝(Bess of Hardwick),家族的创始人,她去世时恰逢霍布斯接受委任。她拥有一大笔财产,一部分继承自她四任过世的富有丈夫;另一部分来自她对土地的精明投资。在查兹沃斯、奥尔德科茨、沃克索普和哈德威克均有她的豪华宅邸,其中,位于哈德威克的一幢最为华丽壮美,建筑正面的玻璃装饰甚至多于墙体。二楼最主要的房间便是王座室,主人热切盼望她的好友伊丽莎白女王来访,无奈这场会面终未发生。

贝丝和她的第二任丈夫威廉·卡文迪许(约1505—1557年)有两个儿子,至此,他们的后代有两条分支。其中一条分支是:威廉·卡文迪许(1551—1626年)在其兄长1616年去世后先后继承了哈德威克庄园和查兹沃斯庄园。1605年,他成为男爵,并于1618年晋升为第一代德文郡(Devonshire)伯爵。其子威廉(1590—1628年)为霍布斯的第一届学生,成了第二代伯爵。这位威廉也有一个儿子名叫威廉

（1617—1684年），同样也是霍布斯的学生，他成了第三代伯爵。最后，第三代伯爵也有个儿子，依然叫威廉（1641—1707年），成为第四代伯爵。他于1694年晋升为德文郡公爵。

另一条分支关于查尔斯·卡文迪许（Charles Cavendish）。他买下了诺丁汉郡的维尔贝克修道院和哈德威克庄园附近的博尔索弗城堡。其子又叫威廉·卡文迪许（1593—1676年），1628年被封为泰恩河畔纽卡斯尔伯爵。他也是霍布斯的重要资助人之一。

第三节　第二代德文郡伯爵的家庭教师

未来将成为第二代伯爵的威廉特意要找一位年轻的家庭教师，这样他既有了朋友和玩伴又有了老师。实际上，霍布斯仅比他大两岁。究竟霍布斯传授给威廉多少知识我们不得而知，但是据霍布斯后来回忆，那是他人生中最快乐的时光。他们花大量时间一起打猎或带鹰出猎。霍布斯负责管理威廉的财务，他的职责包括为威廉筹得借款以维持他奢侈的生活。从1614年6月至1615年10月这段时间他们周游欧洲，先后前往罗马、那不勒斯和威尼斯，两人意大利语都说得很流利。在威尼斯，他们结识了哲学家彼得罗·萨皮①和他的助手弗简提

---

① 彼得罗·萨皮（Pietro Sarpi, 1552—1623年）：意大利学者，著有《特兰特会议史》。——译注

第一章 走近霍布斯

欧·米坎齐欧①。在 1628 年去世之前，威廉与米坎齐欧一直保持通信。霍布斯则负责将米坎齐欧的信件从意大利语翻译成英语以便威廉和米坎齐欧更广泛地交流。1620 年，威廉匿名出版了一部名叫《茬苒悠暇》（Horaesubsecivae）的书。该书囊括了罗马之旅的叙述以及一些杂文和论文，其中的三篇论文也许为霍布斯所写。

大约在那段时间，霍布斯还替时任大法官的哲学家弗朗西斯·培根做过一些工作：当培根在花园散步时帮他记录下想法，并将他的一些小品文翻译成拉丁语。

17 世纪 20 年代早期，第二代伯爵将弗吉尼亚公司和萨摩斯岛公司这两大公司的部分股份分配给了霍布斯，广泛参与管理层会议使霍布斯有机会结识知名人士，这使他逐渐成为人脉广泛、为人熟知的知识分子。

1627 年 8 月，霍布斯、威廉和诗人理查德·安德鲁斯（Richard Andrews）博士前往德比郡峰区参观最负盛名的旅游景点（称为"峰区奇观"）。安德鲁斯和霍布斯都为旅行赋诗——安德鲁斯用英语，而霍布斯用拉丁语。不久以后，霍布斯的诗就以《峰区奇观》（De mirabilibus pecci）为题发表了，该诗多次再版，其中 1678 年版包括了其英语翻译版本《德比郡高峰奇观，俗称"魔鬼之臀"》（The wonders of the peak in Darby-shire, commonly called the Devil's Arse of Peak）。霍布斯热衷于散步，每天也都会散步（即使在雨天他也会在哈德威克庄

---

① 弗简提欧·米坎齐欧（Fulgenzio Micanzio, 1570—1654 年）：意大利神学家。——译注

园的长廊中来回踱步)。霍布斯用一根握柄处带有墨水瓶的特别手杖记下散步时突如其来的想法。

大约在同一时期,霍布斯完成了一部更重要的译作——修昔底德的《伯罗奔尼撒战争史》,他也是将其直接从希腊语翻译成英语的第一人。修昔底德是他最喜爱的历史学家,这很可能是因为霍布斯和他一样,会对政治现实做出不偏不倚、深刻尖锐的分析。然而,没有明显的原因能够解释为什么霍布斯的译作延迟出版了。直到1628年,也就是他的雇主第二代伯爵英年早逝的那年,该译作才出版。他为年仅12岁的第三代伯爵题写献词,赞美他的父亲,同时希望能够让他继续受聘。该书于1629年出版,但他却未能被重新聘用(尽管他收到了一份酬劳)。

第四节 杰维斯·克利夫顿的家庭教师

1629—1630年,霍布斯受雇于杰维斯·克利夫顿爵士(Sir Gervase Clifton),陪伴他的儿子杰维斯环游欧洲,途经巴黎、日内瓦和奥尔良。在日内瓦,霍布斯经历了一场思想革命。尽管在学院和大学他学习过几何学,但当时并不是特别感兴趣。而现在,他偶然翻开欧几里得的《几何原本》第1卷中的命题47,通过早期的演示回溯了整个证明过程,竟被这种运用几个定义和公理就能绝对肯定地推导出复杂真理的方式所深深吸引。这不仅激励他更加深入地研究几何学,还深深影响了他的认识论建构，该理论的建构正是仿效了几何学的研究方法。之后据霍布斯表示，大约在 1630 年，他开始建立关于感知哲学和光学的概念，并首次向纽卡斯尔伯爵、伯爵的兄弟查尔斯、牧师罗伯特·佩恩、沃尔特·华纳等科学家和哲学家详细阐述他的想法。

第五节　第三代德文郡伯爵的家庭教师

1630 年 11 月，霍布斯一回到哈德威克就被德文郡伯爵夫人雇用为家庭教师，辅导其长子即第三代伯爵威廉。1634 年，霍布斯和威廉先在牛津和马姆斯伯里度过了夏天，然后又前往巴黎，旅居于此直至 1635 年 9 月。他们计划去威尼斯旅行，但最终没有去成。可以肯定的是，在 12 月之前，他们到达了罗马，并极有可能在途中前往靠近佛罗伦萨的别墅探望伽利略。5 月，他们取道都灵、日内瓦和里昂回到巴黎，在那里结识了法国新哲学重要人物之一——马林·梅森（Marin Mersenne）。1636 年 10 月，他们返回英国。

在之后的几年里，霍布斯创造力大爆发，在数学、科学、哲学、逻辑学、心理学和政治学方面不断萌发新想法，并将它们系统地整合起来。但在这一阶段，他仅完成了一篇较短的关于光学的拉丁语文章——《论光学》(*The Optical Treatise*)。梅森将该文收入全集并于 1644 年成册出版。1637 年，也许是霍布斯收到勒内·笛卡儿的《谈谈方法》一书（其中包含《屈光学》）的缘故，这才激起了他写作的欲望。霍布斯非常注重原创思想，却被同时代的这一位年轻学者抢去风头，之后还被他控告抄袭。实际上，他们的主要分歧在非物质的事物是否存在这一问题上，除此之外，他们对物质世界和人体的解释非常相似。所以，霍布斯内心的想法是尽可能地"疏远"笛卡儿。1640年，他写了一封长达56页的信给梅森，旨在批评《谈谈方法》，但是未能留存下来。

在那个时期，霍布斯构思了他的鸿篇巨制《哲学原理》（*Elements of Philosophy*），在该书中，他参照欧几里得的研究方法，该方法可以科学地证明一切内容。全书分为三部分：第一部分为《论物体》，包括形而上学和物理学，并且确立了一个观点：一切物理现象都可用一个基本原理进行解释，那就是不存在不运动的物质。第二部分为《论人》。该部分说明了所有的人类行为都可以用同样的原理来解释。第三部分为《论公民》，该部分科学地讲述了公民社会的起源并支持独裁者拥有绝对权威。虽然霍布斯最终完成了他的计划，但这几部分的写作和出版顺序混乱，中途还因为出版其他作品而被搁置了。

第六节　流亡巴黎

1640年，在纽卡斯尔伯爵的鼓励下，霍布斯以《法律原理》（*The*

第一章 走近霍布斯

Elements of Law）为题，为他大部分的理论体系写了总结。起初，它仅仅以手稿的形式流传，之后在未经过霍布斯本人同意的情况下分别在1650年和1651年被分为两个部分出版了。讽刺的是，该作品缺少形而上学和物理学这两个最基本的组成部分（之后这些内容被收录在《论物体》中）。然而，在该作品的政治学部分，他对国王绝对权威的辩护却使他在那个内战即将爆发的年代树敌众多，最终他不得不移居巴黎。而随着威廉的成年，霍布斯对他的辅导也结束了。另外，他的积蓄（500英镑）足够维持流亡生活多年，于是他离开了英国，这一走就是11年。

霍布斯重新开始和梅森联系。梅森总是定期与许多知识分子会面，其中包括反对亚里士多德的哲学家皮埃尔·伽桑狄[1]，同样离开英国流亡至此，之前是海盗的哲学家科奈姆·迪格比爵士，以及天主教哲学家托马斯·怀特。梅森是笛卡儿坚定的盟友，他负责在许多声名显赫的哲学家中宣传笛卡儿的《第一哲学沉思集》，把手稿分发给他们，以便该作品可以伴随着他们的（匿名的）反驳和笛卡儿的答辩[2]一同出版。1641年，该书正式出版。而其中的第三组反驳正是由霍布斯提出的，这也是他的哲学创作首次出现在出版物中。从霍布斯和笛卡儿两人的思想交流中可以看出，他们互相拆台，对对方的观点没有丝毫欣赏的态度。虽然没有明显的证据证明他们曾经见过面，但假如

---

[1] 皮埃尔·伽桑狄（Pierre Gassendi，1592—1655年）：法国科学家、数学家和哲学家，宣传原子论思想，在认识方面是感觉论者。——译注
[2]《第一哲学沉思集》的内容包括了其他哲学家对笛卡儿思想的反驳以及笛卡儿对反驳的答辩。——译注

他们曾见过,气氛也一定不会融洽。

在接下来的 1642 年,梅森进一步推动霍布斯哲学事业的发展——为他的《哲学原理》第三部分《论公民》安排私人印刷,这部分本该是首先写完并出版的。1647 年,当该书于荷兰再版时,霍布斯拥有了更广泛的读者,从而进一步确立国际声誉。霍布斯也极有可能是听从了梅森的建议才写了一篇长论文,文章旨在批评托马斯·怀特在 1642 年出版的《关于世界的三段对话》(Three Dialogues about the World)。怀特的书广泛涵盖物理学、形而上学和神学问题,并以新哲学思想和传统经院哲学相结合的方式呈现。而霍布斯的批评主要针对他的经院哲学和一些神学假设。尽管霍布斯的批评作品篇幅很长,但是这份手稿除了梅森(他在空白处留下了一些批注)之外恐怕没人读过。之后它就失传了,直到 20 世纪才再次被人们发现并将其出版。霍布斯的另外一篇文章由梅森于 1644 年出版,这是一篇霍布斯哲学的小结,被用作梅森《发射学》(Ballistics)(关于抛射体的科学)一书的前言。

在完成了对怀特著作的批评之后,霍布斯试图集中精力写作《哲学原理》的第一部分——《论物体》,但他注定要受到打扰。1645 年 4 月,纽卡斯尔伯爵和他的弟弟查尔斯在马斯顿荒原战役之后逃亡巴黎。伯爵刚到不久,就说服霍布斯和已被放逐的德里圣公会主教约翰·布拉姆霍尔(John Bramhall)开展一场关于自由意志的辩论。为了解释他在辩论中的立场和观点,霍布斯还写了一篇题为《论自由和必然》(Of Libertie and Necessitie)的论文,1654 年该文未经过本人同意被发表。随之而来的是更多关于霍布斯和布拉姆霍尔继续辩论的

第一章　走近霍布斯

出版物，有些甚至包括冗长乏味的细节。

1645年，霍布斯开始继续写《论物体》，但很快又被其他三件事打断。1646年夏天，查尔斯王子即后来的查理二世刚到巴黎，霍布斯就被任命为他的数学老师。这个职务十分关键，后来王室复辟后，霍布斯因此得到来自国王的丰厚资助。第二件事发生在1647年下半年，霍布斯得了重病，卧床了6个月，险些丧命。得病的唯一好处是，之后当人们指控他为无神论者时，他刚好能够宣称自己曾传唤圣公会牧师为自己主持临终宗教仪式。

第三件干扰他的事是他决定写《利维坦》(Leviathan)——一本完全不同的书。该书可以被视为拓展版的《法律原理》，全书用英文写作，开头几个章节相当一部分内容关于形而上学、逻辑学和心理学，之后的内容才是关于政治哲学的。该书中有相当一部分内容与内战时期的英国现状相关，尽管如此，人们依然视《法律原理》和《哲学原理》为普遍永恒的真理。很明显，霍布斯认为有必要告知他的同胞英国要重新回到原来的未开化状态了，而这种状态正是霍布斯的哲学告诫人们要极力避免的。霍布斯开始写《利维坦》的时间不详（可能在1646—1649年），但在1651年，该书就准备在英国出版了。在霍布斯返乡之前，该书在英国出版了，这也有力地证明了他并不认为该作品中的保王主义思想（考虑到查理一世在1649年被处死了）和他的非传统宗教观会让他深陷麻烦之中。《利维坦》支持的观点是：任何最高权力，不论是克伦威尔的共和国还是斯图亚特王朝的国王，都能够保护人民。并且霍布斯还在离开巴黎之前将《利维坦》的特别手稿副本赠予了查尔斯。

关于霍布斯起先用拉丁语写《利维坦》,后来才改用英语,还是从一开始就用英语这一问题,评论家持不同意见。据霍布斯在自传中的说法,答案是前者。不管以哪种方式,晚年的霍布斯只是希望自己能够流芳百世,并且还为他的拉丁语著作准备了双语版本。该书于1668年在阿姆斯特丹出版,1670年再版(包含霍布斯本人的一些修正)。那时,拉丁语仍旧是知识分子的通用语言,在不列颠群岛以外几乎没人懂英语。《利维坦》包含的拉丁语版本让霍布斯十分自豪。该版本并不是直译,而是删除了一些内容,这些内容要么是关于英国当时状况的敏感话题,要么是不能被翻译成拉丁语的妙语。此外,它还包含了三份附录,均为霍布斯证明其宗教观合法性的内容,这种强调程度在他的其他作品中十分罕见。

第七节 还乡

到1651年,巴黎的生活对于霍布斯来说已不再那么有吸引力,特别是梅森在1648年去世之后。为了保全财产,像德文郡伯爵那样的保王党也早在1645年就与议会妥协并得以返乡。既然霍布斯一生中最重要的作品已经出版,他也打算回家了。另一个原因是法国天主教徒对《利维坦》很反感,霍布斯担心自己会因此被捕。同年11月,他离开巴

第一章 走近霍布斯

黎,回到了德文郡,与德文郡的贵族们待在一起。

在17世纪50年代的大部分时间里,霍布斯在伦敦做研究、写书。他完成了拉丁语的《论物体》,该版于1655年出版。1656年,匿名英语翻译版本出现了,并声称获得了霍布斯的批准,然而一些篇章却与原著有着明显的差异。更奇怪的是,1668年拉丁语版再版中并没有包含英语翻译版中的这些变化。更短一些的《论人》于1658年出版,至此,霍布斯的《哲学原理》三部曲终于在他70岁时完成了。

霍布斯的政治观、神学观以及对大学的敌意使他树敌众多。这也许是他没有被邀请加入英国皇家学会,而仅仅是被视为新科学的最杰出支持者的原因。但值得一提的是,霍布斯拒绝接受皇家学会的经验论,并坚信理性的力量,哪怕学会成员不接受这种理论。他认为他能提出原创理论完全归功于推理,而不是依赖书籍、传统或是大学教育。正如约翰·奥布里(John Aubrey)在他的《托马斯·霍布斯小传》(Brief Life of Thomas Hobbes)中写的那样:"他经常说,如果他读的书和其他人一样多,他知道的就不会比其他人多了。"(p.157)

虽然霍布斯受到攻击主要是由于宗教和政治原因,但是他也的确在数学和科学观点上受到过批评——特别是他坚信自己成功地求得与圆面积相同的正方形以及否定真空的存在。后者引发了他与罗伯特·波义耳(Robert Boyle)之间关于真空泵实验的争论。约翰·沃利斯(John Wallis)是当时一位重要的数学家,他在《霍布斯几何学检验》(Examination of Hobbes's Geometry, 1655)中反驳了霍布斯的"圆化方"的尝试。霍布斯则在一系列书中回复了他的反驳,包括《给牛津大学数学教授上的六堂课》(1656)、《论几何学者的原则和推理》(1672)、《几何学玫瑰花园》(1671)以及《数学之光》(1672)。问题就在于,霍布斯从中年才开始学习数学,并且是自学的。发现专业数学家的观点存在问题对他来说并不困难,因为每个人都会在其他的知识分支比如经院哲学或者政治学理论上犯错误。尽管他对自己在其他学科知识上的自信在某种程度上利于他在哲学和政治学领域的发展,但是在数学领域他只是在班门弄斧。当他还在牛津大学读书时,当时根本没有像数学那样先进的学问,只有从古时候流传下来的知识。对完全错误的数学观点他依旧固执己见,这严重损害了他作为当时先进思想家的名声。

第八节 晚年

1660年,就在王室复辟的几天后,国王乘坐皇家御用马车行驶在斯特兰德大街时看见了霍布斯并亲切地向他从前的数学老师脱帽致意。一周后,奥布里安排霍布斯觐见国王,而那时国王正坐着等待塞缪尔·库珀(Samuel Cooper)为他绘制肖像(之后他也为霍布斯画了一幅水彩小画像)。国王对那次谈话十分满意,于是下令准许霍布斯自由觐见。一段时间以后,他准予霍布斯每年105英镑的津贴(事实上该津贴并没有经常发放)。当霍布斯在宫里的时候,智者们经常嘲笑他,

第一章 走近霍布斯

国王给他起了个绰号"笨熊",他也经常自嘲:"我就是这个等待嘲弄的笨熊哦!"(Aubrey, p.154)①

因为观点的不同,英国圣公会的领袖们敌视霍布斯,所以在此时能够得到国王的庇护以及卡文迪许家族和其他有权势朋友的帮助,霍布斯是幸运的。但是,在1662年,议会通过了一项印刷法案,霍布斯因此再也不能出版在宗教和政治方面存在争议的作品了。这毫无疑问是他在阿姆斯特丹出版拉丁语文集的一个原因(其他的原因可能是其作品更加面向国际公众,而不仅仅是英国公众)。17世纪60年代早期,有传闻称一些主教计划以异端邪说罪名起诉霍布斯。1666年,下议院委员会授权"接收到关于这些书籍的信息,并判定为有无神论亵渎、反对教会和违背上帝本质属性的倾向,尤其是……霍布斯先生那本名为《利维坦》的书籍"(Malcolm, 1996:35—36)。虽然霍布斯没有被定罪,但是他十分恐惧以至于烧掉了一些可能会被定罪的文章,这就是为什么他作品中极少出现涉及上帝本质以及灵魂不朽的内容。他还写了一篇关于异端法的论文,他认为人们不应该因为异端而被捆在柱子上施刑,他还在拉丁语版《利维坦》附录的第二章为自己辩护以免除关于异端的指控。

霍布斯在晚年尤其多产,除了之前提到过的作品(他的数学著作、与布拉姆霍尔主教的辩论以及《利维坦》的拉丁语翻译),他还完成了以下书籍:《物理学中的问题》(1662)、《十个自然哲学对话录》

---

① 此注释表示作者Aubrey所著图书第154页。具体书名见参考文献。

从霍布斯出发
Starting with Hobbes

（1668）、一个未经许可就于1679年出版的关于内战历史的对话录，之后被称为《贝希摩斯》（*Behemoth*）；《一位哲学家与英格兰普通法学者的对话》；一首题为《教会史》（*Ecclesiastical History*）的拉丁语诗歌（1671年完成，1688年发表）；一部拉丁语自传（写于1672年）以及整部荷马的《奥德赛》和《伊利亚特》的翻译（在1673—1676年出版）。

霍布斯一生大部分时间身体都很健康，只在法国和伦敦患过三次重病。另外，他的一只手从60多岁就开始颤抖，这最终使他无法写作，不得不借助给抄写员口述的方式继续著书。大约在他生命的最后一年，口述写作也变得越发艰难了。1679年10月，霍布斯连排尿都要遭受痛苦。德文郡家族每年都要从查兹沃思庄园搬到气候更温暖的哈德威克庄园，那年11月中旬，霍布斯也坚持要和他们一起搬走。虽然他顺利到达，但是在11月27日他中风了，中风使他瘫痪并丧失语言能力。一周后，也就是12月4日，霍布斯离世。他被埋葬在奥尔特·哈科纳尔附近的教堂里。

霍布斯生前曾开玩笑说他想在墓碑上刻上"这是真正的哲学家的墓碑"，以双关语来表现他抵制炼金术以及其他迷信思想。而事实上，他的墓碑上谦逊且平凡地刻着："此处埋葬着马姆斯伯里的托马斯·霍布斯，侍奉德文郡伯爵父子两代多年。他是一个正直的人，因学识渊博而闻名于国内外。逝世于1679年12月4日，享年91岁。"

认识论

第二章

从霍布斯出发
Starting with Hobbes

第一节 中世纪知觉论

在中世纪，哲学家们认为我们看得到事物只是因为物体薄薄的表面——"物种形式"（Species）穿过空气进入我们的双眼并和我们头脑中的类物质的"动物精神"（animal spirit）相接触。一些哲学家也认为这些外在形式还会再次从双眼向来源物体发射出去。这种解释有两大优势：首先，它解释了为什么我们看到的事物对我们来说都是外部世界。然而，现代理论认为知觉的过程在大脑中就结束了，没必要解释我们是如何将视觉图像向外投射的。你也许会认为我们感知到的视觉图像是在头脑中的，就像我们通过耳机听的音乐会存在于头脑中一样。

这种解释的第二大优势是：它与我们的常识相一致。我们通常认为事物真正的样子就是它们展现给我们的样子，而且我们看待事物的方式也大致相同。比如，我们看见的物体的颜色真正存在于该物体本身，即使是在没有人看它或者在黑暗中时也是如此，因为我们感知到的外在形式就是该事物的实际表面。

然而，这个理论也存在难以解释的问题。为解决这些难题，中世纪的哲学家做出了很多方面的努力工作。这里举出几例难以解释的问题：

1. 尽管该理论最初在视觉方面有一些说服力，但解释感觉似乎就没那么合理。味觉是通过味觉外在形式或者触觉外在形式得到的,这种解释说得通吗?

2. 外在形式是如何在不互相破坏的情况下穿越各自的路径的呢?(即使你相信视觉是由微粒做光速运动产生的,这个问题仍旧存在。)

3. 为什么你离一个物体越远外在形式就变得越小?

4. 若外在形式不断离开物体的表面,为什么物体不会逐渐消失?

5. 为什么我们在黑暗中看不见任何物体?

第二节 伽利略的知觉论

第一个完全摒弃这套方法的人是伽利略。在他 1623 年出版的《尝试者》(*The Assayer*)中有一篇极其简短的文章,在文章中他区分了之后被称为 "第一性质"(primary qualities)和 "第二性质"(secondary qualities)的概念。"第一性质" 是指物体本身固有的性质;而 "第二性质" 是指仅仅存在于观察者精神中,并由 "第一性质" 通过感觉器官产生的性质。只有通过有感知力的生物才会产生 "第二性质"。以下是伽利略所阐述的 "第一性质":

我认为,当我们想象一种事物或者一种实质实体(corporeal substance)时,我们也必然同时想象:它是有界限的、具有这样或那样的形状,它与其他物体相比是大还是小,它在这里还是那里,在这个或那个时间,它是运动的还是静止的,它是否与其他物体相接触,它的数量是一个、没有还是许多。(《尝试者》,pp. 196—197)

其他的性质都属于第二性质,且只存在于人的头脑中:颜色、声音、温度、气味等。颜色和声音来自被感知物体引起的空气振动,由眼睛和耳朵来获取;气味是由飘荡在空气中的物质粒子降落在鼻中产生的。

伽利略的解释存在一个严重的不足:它忽略了人们在古时候就知道的内容,斯多葛学派哲学尤其强调这些内容——物质性物体的性质中必须包含一些内容,以使它们区别于同样大小和形状的真空空间,正是这些内容使得物质性物体是实质性的而非不存在的。因此,斯多葛学派哲学将物质定义为与"原型"(antitypy)相结合的外延(extension)(即物质的几何性质),或抵抗渗透和加速的阻力。如果你推挤一定数量的真空空间,不会有任何阻力。但是,如果推挤一个物体,你需要施加力量才能够进入它或者使它运动。尽管17世纪的哲学家和物理学家一直在弥补这个不足,但是我们很难高估伽利略见解的意义。伽利略为激进二元①论开辟了道路,这个二元论区分了属于经验的主观世界和属于科学真理的客观世界,认识前者需要通过颜色、声音、感觉等性质上的特征,而对后者的描述常通过数学语言。正如伽利

---

① 二元论(dualism):本体论的一支,主张世界有精神和物质两个独立本原的哲学学说,它和一元论相对立。——译注

略在《尝试者》第 25 页中所写的：

> 这本厚厚的书中所写的哲学一直都展现在我们眼前（我是指宇宙）。但只有先学会理解它的语言，辨别出它涉及的对象，你才能理解它。描写它的语言是数学语言，而描写的对象是三角形、圆以及其他几何图形。若不是以这种方式，我们人类无法理解它，哪怕是只言片语；如果没有它们，我们就好像在漆黑的迷宫中徒劳地徘徊。

之后的哲学家，例如贝克莱、休谟和康德，都不赞同这种激进二元论。他们认为科学关于所有人类共享的经验世界，而不是关于某个分离的、更加客观并且仅由科学家知晓的世界。但伽利略的二元论颇具影响力，它很可能代表了今天大多数职业科学家的观点。的确，1623 年是近代哲学和科学诞生的一年，因为正是在那一年弗朗西斯·培根出版了《论科学的增进》（*Increase of the Sciences*），这是一部有重大影响力的书，正是该书支持了科学中的经验主义方法。

第三节　笛卡儿的知觉论

笛卡儿是首位遵循伽利略"第一性质"和"第二性质"区分的哲

从霍布斯出发
Starting with Hobbes

学家。他的作品《世界》或者《论光》(*The World, or Treatise on Light*)大约写于1633年,在他去世之后才出版。在该书中,他用了与伽利略相同的例子:痒的感觉仅存在于主体,不存在于客体。在之后的作品中,他也提出了与伽利略区分"第一性质"和"第二性质"相似的观点,并且也没能区别物体和等体积的真空空间。事实上,他仅仅将物质清晰地定义为外延,这就在逻辑上排除了物质和其外延之间的任何区别。

笛卡儿与伽利略的主要不同之处在于:笛卡儿把"第一性质"分为我们可以感知到的和通过理性得知的。可以感知到的"第一性质"和"第二性质"都是主观的,通过理性得知的"第一性质"是客观的。因此,在《第一哲学沉思集》第三个沉思中的第39页,他区别了关于太阳的两种看法:

> 我发现自己对太阳有两种看法:第一个来自于感觉……这样看起来好像太阳对我来说很小;另一个来自于天文推理(也就是通过特定的天赋观念获得……),该方法显示太阳比地球大很多倍。

笛卡儿认为关于真实世界的科学知识潜藏于我们虚幻的经验世界之中,这些知识是上帝给予我们的天赋。后来的科学家几乎无人赞同。虽然如此,他还是隐含地发出了严峻的挑战:如果你想说真实世界与它呈现给你的状态不同,你的根据是什么呢?经验告诉我们真实世界

第二章　认识论

不像我们所体验的那样——这个说法是自相矛盾的。而科学共识是：真实世界与经验世界是有显著差异的，近代哲学的重要议题之一便是解释科学如何告诉我们现实的本质，何时我们所有的知识才最终来源于经验，何时上帝才不被看作是知识的来源。霍布斯的哲学正是迎接这个挑战的一次尝试。

第四节　霍布斯的知觉论

霍布斯首次发表他关于区别"第一性质"和"第二性质"的观点，或者说表象世界与真实世界的观点是在他的《法律原理》中。尽管他唯恐失去自己在这个发现上的优先性，但是他很有可能是在与英国著名哲学家进行讨论（包括1635年与伽利略本人的讨论）并阅读近期书籍后才受到了影响。但他的观点是原创的，他考虑到了所有的感觉，这是可圈可点的，之后的哲学家反而经常因为只考虑了视觉而犯错。在《论物体》第25章第10节中，他简明扼要地重述了所有的感觉。而在他的《法律原理》第2章第4节中，除了举视觉的例子来阐明感觉图像的主观性之外，他还谈到了声音：

在视觉方面，图像包括颜色和形状，这是我们在这种感觉中对物体性质的认识，正因如此，我们才容易陷入一个误区：所谓的颜色和形状是真实的性质。同理，我们也容易这样想：声音和噪音都是一个钟或者空气的性质。人们接受这个观点太久了，以至于否定它就像是在公然违抗常识。另一方面，要想坚持这个观点就必须基于这个假设：存在有视力、有智力的物种形式在物体间来回运动，而这个假设比没有基本常识还要糟糕，因为这很明显是不可能的。

这篇文章很明显地表明霍布斯期望读者惊叹于他的主张——我们从物体中感知到的性质不存在于物体本身，而存在于观察者的头脑中。在《法律原理》第2章第5—9节，他运用大量论证来支持他的立场。

1. 当我们看镜子里的事物时，图像不存在于镜子中，因为我们是在镜子前看到它的，而那里也不是物体之所在。

2. 在特定条件下，我们能看见两个图像，而这两个图像不可能都存在于这个物体中。既然我们没有依据说出哪个图像是存在于物体中的，可以由此得出结论：没有一个图像存在于该物体中。

3. 如果我们的眼睛被打了一拳，会看见一道闪光，但却没有与光相对应的外部物体。所以，大体来说，光的感觉是由对眼睛施加的运动和视神经造成的，感觉不过是大脑的运动。

4. 这对于其他的感觉也同样适用。例如，回声向我们展示了声音并不存在于产生它的物体，因为它们来自不同的地方。只有运动是存在的，比如敲钟的动作、空气微粒的运动和神经及大脑的活动。只有在最后阶段，我们才能意识到我们所熟知的声音。此外，嗅觉和味觉也因

第二章 认识论

人而异,所以它们存在于人而不在于物体;温暖的感觉也存在于我们而不在于温暖我们的火焰。

简言之,基本常识对头脑中的感知图像和用于感知的外部物体不加区分,霍布斯不赞同该观点。正如他在《利维坦》第1章(CL 7)中写道:

> 尽管真实的图像本身有时看似包裹着图像的外衣,但事实总是这样:物体本身是一码事,物体的图像又是另一码事。

在英语版的相同章节(CL 7)中,他以他最诙谐尖刻的"霍布斯"方式嘲笑了大学传授的经院哲学知觉论:

> 尽管基督教地区所有大学的哲学教师仰仗于亚里士多德的著作,却在传授另一种教义。他们说视觉产生的原因是被看见的事物向四面八方放射出一种看得见的物种形式,或者(用英语说)一种可见的表现(visible show)、幻影(apparition)、外在(aspect)或者可见体(a being seen);当它们进入眼睛时就产生了视觉。他们还说产生听觉的原因是被听的事物放射出可听的物种形式——一种可听的物种或者可听的形式;当它们进入耳朵就产生了听觉。他们甚至提出理解之所以产生是因为被理解的事物放射出一种可理解的外在形式,那就是可理解体,通过进入我们的认识,使我们产生理解。我提出这些言论并不是要完全地废

除大学,而是因为我接下来将要讨论它们在社会中的作用。如果有机会,我必须让你看到它们需要被纠正的地方,总是说废话就是其中的一点。

霍布斯用自己的知觉论代替了经院哲学家的解释。他的知觉论与伽利略、笛卡儿以及很多早期近代哲学家的理论都有许多相似之处,但同时也具有他自己鲜明的特点,所以他的理论在17世纪颇具影响力。理论的焦点是视觉,因为其他感觉相对来说没有问题。霍布斯的任务是解释我们如何感知远处物体的光和颜色,在何时所有存在的物质都是运动的,又是在何时一个物体对另一个物体的唯一作用是使它运动。很明显,通过触碰与一个物体直接接触会触发神经的运动;显然声音是由空气中各种振动触发耳膜和神经相应的振动形成的;显然味觉和嗅觉涉及口和鼻与不稳定微粒的直接接触。但是,视觉却更加神秘难解。

第五节 光的本质

霍布斯认为不存在不运动的物质,一个物体能够作用于另一个物体的唯一方式是通过一个媒介直接或间接地施加推力。因此,他不赞同早期哲学家的观点,比如伽利略的观点:光是一种特殊的非物质实

第二章 认识论

体。他也不相信要产生视觉，任何事物必须从光源进入眼睛。相反，他在《光学论文集》的命题1—3，《利维坦》第1章和《论物体》第25章给出了解释。

快速地扩大和缩小使得物质性物体成为光源，比如太阳。霍布斯将这个过程比作心脏的舒张和收缩（扩大和缩小），他也许还受到了星星闪烁方式的启发。光源不会放射任何东西，否则它最终将会消失。相反，空间中充斥着极其稀薄贫乏的以太（ether），它能穿透一切而且无处不在。光源的波动在其相邻的部分以太上产生了相似的波动，这些以太转而将波动传播给相邻的以太，以此类推，直到该运动由于接触到实物而发生偏转或者被眼睛吸收为止。由于波动是通过范围不断增长的以太传播的，它的力量逐渐减弱，这也就解释了为什么光源会随着传播的距离变远而变暗变小。

尽管我将这个过程描述为随着时间推移而发生的，事实上霍布斯以及大部分同时代的学者都认为，波动的传播是瞬时的。他认为这就像用一根棍子来推动某物，在这种情况下（他认为），棍子远的那一头的运动与你给手里这一头施加力量是同时的。霍布斯完全没有考虑到在偶然的连锁中原因和效果是同时的这一说法在意义上是自相矛盾的，也就是说，他认为贯穿宇宙的整个历史都是一瞬间的。

霍布斯强调，迄今为止，光还没有形成，只存在振动的物理媒介。只有当振动被有知觉的观察者发现时，光才存在。在他早期的作品中，特别是在《光学论文集》中，霍布斯解释了对光的感觉是如何产生的。以太的波动一到达视网膜，就被转移到视神经，并通过视神经传到大脑。这时候,这个波动遭遇了大小相等、方向相反的反作用,这个反作用产生了相似的运动并沿着视神经回到眼睛中。这就是被霍布斯称为一种"幻象"的运动,这个词源于希腊语,意思是一种现象或者感官图像。

霍布斯没有解释当我们感知光和颜色时,我们肉体的动作如何立即与我们精神中出现的东西保持一致。然而,很多哲学家会说身体上的活动与意识经验的关系本质上是无法解释的,霍布斯没有明知不可为而为之是明智的。他对幻象是从何处产生的这一问题的理解也很模糊,但他似乎认为幻象产生于眼睛的外表面,因为他有一个理论(我们之后将会涉及):无论何时,当两个物体互相作用时,即使它们都不是有知觉的存在,幻象都会被产生。

第六节 霍布斯解释的特点

霍布斯的解释有许多明显的特点,这使他在众多同时期哲学家中独树一帜。首先,他是个唯物主义者,在明确规定只存在运动的物质之后,他还要讲知觉。根据他的解释,我们的感觉仅仅只是我们物质身体中的运动。尽管他的解释步骤太过简单,不能对整个知觉过程做出合理的解释,但他坚决认为任何解释都必须用纯粹的唯物主义术语。有趣的是,他和他的主要反对者笛卡儿都基本同意这一点。笛卡儿认为,

第二章 认识论

感觉是一种纯粹的唯物主义现象,感官图像仅仅是"动物精神"在脑腔的运动——动物精神由某种稀薄但遍布全身的物质构成,感知和行动的能力由它产生。然而,笛卡儿发现了一个霍布斯没有发现的问题——非物质性的灵魂是如何意识到大脑中的物质图像的呢?实际上,最后笛卡儿不再考虑这个问题了,他认为灵魂和身体的结合是个谜,凭借经验我们知道实际就是如此,但却不能理性地理解它。

霍布斯理论的第二个明显特点是从唯物主义角度解释为什么我们感知的物体都是外在的而不仅仅是头脑中展现的第一人。其他哲学家,比如柏拉图〔在《泰安泰德篇》(*Theaetetus*) 156D—157B 以及《蒂迈欧篇》(*Timaeus*) 45A—46A 中〕和一些经院哲学家则认为我们通过眼睛发出"视觉流","视觉流"投射到物体上使我们感知物体,眼睛就像雷达一样。但这种视觉流完全是虚构的,即使真的存在,它也不能解释大脑是如何记录"视觉流"捕捉到的关于物体的信息的。然而,霍布斯坚信知觉过程的最终产物一定存在于人体中。而且他对为什么我们感知到的物体是外在的这一问题做出了具有独创性的唯物主义解释。这是因为构成我们知觉的幻象是运动,而运动的方向是向外的。尽管对我们自己来说幻象是内在的,但它向外的运动(或者他有时称为"意动"——我们之后会介绍这个名词)使它看起来离我们的身体很远而不在我们的头脑中。

第三个明显的特点是霍布斯在《论物体》第 25 章第 6 节中区分了拥有幻象和拥有感觉。尽管那篇文章以《每次一个幻象》(*One Phantasm at a Time*) 为题,但他实际是在说我们每一次只能有一个感觉。每一个影响我们感觉的物体都会引发幻象，但我们每次只能把注意力放在一个物体上。他如是说：

> 由此得出结论：每个器官的每一次向外的意动都被称为意动，但在特定时间内，只有一种意动比其他意动更主要、更具影响力。它消除了其他事物的幻象，就像太阳的光芒消除了其他星星的光芒——不是阻碍它们的活动，而是以它夺目的光亮遮蔽并隐藏它们。

这是早期对人类经验中无意识的作用异常清晰的认识。在任何特定时间内，有无数幻象作用于我们，但我们没有察觉到它们，就像当太阳发光时我们察觉不到星星一样。康德的哲学中也有一个有趣的预测，他的认识论都由一个原则主导——我们精神中发生的事是在意识阈之下的，而且我们一次只能理解一件事。

第七节　知觉与行动

之前我说过，这只是霍布斯早期的解释。他之后对这个解释做了明显改动——心脏是作为接收感觉的终结点，而不是大脑。感觉不是从大脑直接反弹回感觉器官，而是从大脑出发到达心脏，然后通过大

第二章 认识论

脑再返回感觉器官。霍布斯做出改变是因为他与大多数同时期的哲学家都认为心脏是感情之所在，感情激发了行动。笛卡儿建立了一套复杂到完全难以置信的理论，该理论是关于接收到的感觉如何直接从大脑发起身体上的行动的，该行动伴随着由心态引起的改变和非物质性的灵魂通过松果体引发的直接干预。霍布斯没有必要解释身体感觉和非物质性灵魂之间的相互作用，因为他不相信存在非物质性灵魂。但他确实需要解释接收到的感觉以及身体对感觉的反应之间的关系。

霍布斯认为当感觉到达心脏时一定会产生某种影响，这个影响会促进或阻碍生命运动。如果是促进，我们会感到快乐；如果是阻碍，我们会感到痛苦。因此，身体会追寻产生快乐的事物而避免产生痛苦的事物。正如他在《论物体》第25章第12节中写道：

> 然而，感觉有完全不同的种类，我要谈谈这些种类。快乐或痛苦的感觉不是通过心脏外在的反应产生的，而是通过那些离心脏最远的器官持续运动产生的。既然生命之源在于心脏，一次由有感觉力的生物传导至心脏的运动一定会以某种方式改变或转移生命运动——更具体地说，是使生命运动更容易或更困难，促进或者阻碍它。如果是促进，这就产生了快乐；如果是阻碍，就产生了痛苦、伤害或疾病。就像幻象看起来存在于我们之外是因为向外的意动一样，当快乐或痛苦被感觉到时，它们看起来存在于我们体内，这是因为器官向内的意动。的确，它们看起来处于产生快乐和痛苦根源的位置——比如，如果我们因为一个伤口遭

受痛苦，痛苦看似处于伤口所在的位置。

霍布斯的解释当然是错的。而我们必须记住的是那时候人们对于人体的运作知之甚少，医生这个职业还处于最早的阶段，他们对待身体就像对待遵守同样自然规律的其他一切物理对象一样。在《论物体》中，霍布斯提到了他的朋友威廉·哈维（William Harvey）。仅仅在几十年之前，他发现心脏工作起来就像机械泵。无论霍布斯的理论多么具有思索性，这仅仅是为感觉和感情提供机械论解释的一次尝试。

第八节 "第一性质"和"第二性质"

看过了霍布斯关于知觉的解释，我们就能够考虑他区分"第一性质"和"第二性质"的立场了。实际上，他自己不用这两个名词，但人们可以轻松地推断出他的立场。鉴于他的知觉论，所有被感知到的性质一定都是"第二性质"，仅存在于精神中。正如他在《法律原理》第25章第10节中所提到的：

> 正因如此，我们可以推断出不管感觉让我们认为世界上存在什么偶有属性或性质，它们都是不存在的，仅仅是表象或显现。

第二章 认识论

> 真正存在于世界上并脱离我们之外的东西是运动，表象正是由运动引起的。这是一个巨大的感官错觉，但同时也被我们的感觉所纠正。正如，当我直接看着一个物体时，正是感觉告诉我颜色看起来存在于物体本身，所以，当我看到一个被反射的物体时，也是感觉告诉了我颜色不存在于物体本身。

从字面理解，这里霍布斯所说的是：只有运动存在于我们外部的世界中。这很可能是一个形而上学的观点——比如，柏拉图在《泰安泰德篇》156A 中说道："所有的事物都是运动的，不运动的事物是不存在的。"但这却不是霍布斯的观点，因为霍布斯认为只有物质才可以处于运动状态。

然而，霍布斯遇到了一个难题——如果所有展现给我们的性质都是"第二性质"，那我们如何知道"第一性质"是否存在呢？如果存在，它们又是什么呢？为了解决这个问题，霍布斯产生了一个很有创造力的想法——首先设想什么都不存在，然后构建出一个关于客观现实的解释。在《论物体》第 7 章第 1 节，他这样写道：

> ……关于自然哲学的阐述最好从一切都不存在开始——那就是想象这个宇宙都不复存在。让我们假设除了你自己之外的所有事物都湮灭了，谁又能逃避这场大灾难？并且还会剩下什么事物让我们去推究哲理或是推理？或者，为了推理你又能给这些事物取什么名字呢？

从霍布斯出发
Starting with Hobbes

我的意思是在物体被湮灭之前,你要记住关于世界的理念,记住所有你用眼睛看到的或者用其他感观感知到的物体——换句话说,就是关于大小、运动、声音、颜色等的记忆和想象,还包括它们的顺序和基本构成部分。即使所有的这一切仅仅只是概念或者幻象,只是正在想象的你内在的偶有属性,它们看起来仍然像是外在的,不受精神力量的支配……但是,即使事物不会被湮灭,如果在推理时仔细关注我们精神中存在的内容,我们就只是在计算幻象而已。如果我们要计算宇宙万物的大小和运动,不会真的飞到空中将天空分为几个部分或者测量它的运动。相反,我们哪儿都不去,仅仅在我们的研究中计算和测量,或者闭上眼睛想象。

在这里,霍布斯似乎坚定地声称,如果外部世界突然被湮灭了,我们不会马上察觉,因为我们仍然具备的幻象让一切看起来仍是外在的。并且,既然所有的一切都只是我们的幻象,那我们能够推理的也只有幻象。我们无法直接接触事物,因为它们只存在于它们本身。我们仍旧被困在第二性质组成的主观世界中。

霍布斯论证的下一个阶段便是引入空间的概念,因为除非我们拥有一个主观空间,在该空间中延伸物体被描述为离我们很远,拥有空间维度并互相存在空间关系,不然很显然我们无法描述存在于我们之外的事物。

在《论物体》第 7 章第 2 节,霍布斯这样说:

第二章 认识论

如果我们记得或者留有某些在假想湮灭之前存在的外部事物的幻象,而我们不在乎它到底是什么事物,仅仅在乎它是存在于精神之外的,那么我们就获得了所谓的空间。这当然是想象出来的,因为它只是一个幻象,但是这恰恰就是人们所谓的"空间"。

所以,空间仍然是主观想象出来的东西。通过它我们将事物描述为存在于精神之外。霍布斯必须要说明这一点,因为他作为一个严格的唯物主义者绝对不允许任何客观存在的事物不是物质性物体,而空间显然是非物质性的物体。许多哲学家(比如莱布尼茨和康德)同意霍布斯的观点——空间是客观存在的实体,它本身不是物质,但是物质性物体存在其中。空间的存在是不合逻辑的,因为它缺少能被看作真实存在的必要属性。真空什么也不是,虚无不可能存在。

然后,在《论物体》第8章第1节中,霍布斯终于告诉了我们什么是物质的第一性质:

我们现在理解了想象空间的性质。在空间中,我们假设不存在外在的事物,那些之前存在的事物都不在了,仅在精神中留下它们的图像。接着,我们再假设其中的一样事物被重新放了回去,或者被重新创造出来了。那么,被重新创造出来的或者被替换的事物不但占据了一部分上述的空间(也就是与之相叠合并同时共存），而且成了不再依赖于我们想象的东西。由于它具有广延性，我们通常称之为物体；由于它独立于我们的思想，被称为独立自存之物；由于它存在于我们之外，被称为存在；最后，由于它看似支撑着空间并且构成想象空间的基础，我们不能通过感觉只能通过理性才能认识到有东西存在，所以又被称为实体或者主体。因此，对物体的定义大概是这样：物体是与部分空间叠合或同时共存的任何事物，它不依赖于我们的思想。

在本章之后的内容里，霍布斯表明：除了广延性，物质的性质还包括运动或静止的能力和坚固性。与笛卡儿不同，这样的观点使得霍布斯能够从概念上区分坚固物质性物体和包围着它们的稀薄的以太。

上文有两个特点值得评价。第一，霍布斯强调物体能够被广延，但不能在空间中被广延，因为霍布斯说过，空间只是想象的。如果物体在空间中，那么它们也只是想象的。所以，他采用了微妙的手段，使得物体与空间同时共存，但实际却不在其中。他的想法是：我们将图像向外投射，这些图像就在想象的空间里了。可以说，物体本身就直接在我们的图像后面。讨论物体被广延却不是在空间里的说法到底有没有道理没有实际意义。毫无疑问，霍布斯会说，如果"空间"指的不是物体占据的实体，仅仅说物体是广延的，人们无法从物体的广延性推断出空间的存在。

第二章　认识论

第九节　科学知识

上文的另一个重要特点是：霍布斯说，我们知道物体存在不是通过感觉，而是通过理性。这一观点似乎能将他与笛卡儿划为同一阵营，笛卡儿也认为就其本身而言我们的感觉不能提供任何关于现实的信息，而理性可以。事实上，在《论物体》第6章第8—9节，霍布斯正是举了和笛卡儿一样的例子——我们对太阳的两个不同看法：

> ……如果你看着太阳，你会得出一个确切的概念——一个直径大约为1英尺的闪光的东西，你称之为太阳，虽然你知道从科学的角度来说实际的太阳要比看到的太阳大得多。

然而，霍布斯与笛卡儿有一个关键的区别。笛卡儿认为，理性精神拥有自己的关于现实的知识来源，这个来源独立于感觉，也就是一出生就由诚实公正的上帝将天赋观念根植于我们的精神之中。正好相反，霍布斯认为人类理性完全取决于用来填补思想的感觉。在这一点上，他遵循了亚里士多德学派经院哲学家的正统观点："预先没有存在于感觉中的东西是不可能存在于理解中的。"所以现在我们必须考虑，

从霍布斯出发
Starting with Hobbes

如果不存在非感官概念,那么霍布斯是如何推论我们通过理性来获得关于现实的知识的。

霍布斯用两个不同的拉丁词语"scientia"和"cognitio"来区分两种知识。不幸的是,"科学"(science)和"认知"(cognition)并不与霍布斯的区分相对应,相反,我用它们来指"科学知识"和单纯的"知识"或者"经验知识"。在《论物体》第1章第2节中,霍布斯将经验知识规定为我们与其他动物共享的东西,因为其他动物也有感觉(大体上,霍布斯与大多数同时期的哲学家不同,他强调人类与动物之间的相同之处而非不同之处)。当我们感知某事,记得我们曾感知过某事或基于过去的经验预期某事发生时,我们所获得的知识都可以视为经验知识。尽管他没有在这里提到他将源自他人见证的知识归为经验知识,在别处,他提到了这一点。

科学知识是我们通过推理得出的知识,是人类独有的。他在《论物体》第6章第1节中这样定义:

> 哲学是关于现象的知识,或者是关于从一个它们产生或形成的可能方式的概念出发进行正确推理得到的直观影响的知识;或者是关于从一个关于直观影响的概念到真正发生了或本该发生的产生方式的知识。因此,推究哲理的方法是最为直接的——通过已知原因探索影响或者通过已知影响探索原因的过程。当我们同时知道原因是存在的,存原因的主体,受到影响的主体以及它们产生影响的方式时,就可以说我们获得了科学知识。所以科

第二章 认识论

学知识是关于"为什么"或者关于原因的知识;而所有其他的知识是关于"那样"的知识,并且存在于感觉或记忆中,是感觉之后残存的想象。

所以,我们关于一切科学知识的起点是关于感觉和想象的幻象。我们天生就知道这些东西是存在的。但是,要知道为什么它们存在,或者是什么引起它们的存在是需要推理的……推理主要在于组合(composition)和分解(division 或者 resolution)。因此,任何研究事物原因的方法或是组合的,或是分解的,抑或是部分组合的和部分分解的。分解的方法通常称为分析法(analytic),组合的方法通常称为综合法(synthetic)。

该文提出了许多问题。首先,霍布斯接受了"分解—组合"科学方法,这与伽利略和他在帕多瓦(Padua)的前辈们都有区别——尽管霍布斯究竟在多大程度上受到了他们的直接影响在学者间存在争议。分解或分析在于将事物或事物的状态分解成它的构成要素,组合或综合在于将部分放到一起组成一个整体。在原因和影响方面,分解在于找到已知影响产生的原因,组合在于找到已知原因造成的影响。之后(在第6章第7节),霍布斯补充道:"分析法在于从感觉到普遍原理的证明,综合法在于从普遍原理到感觉的证明。"然而在第25章第1节中,他又这样解释:"由于一件或同一事物可以通过不同的方式产生,唯有从已知原因到影响的推理或综合法才能提供确定的知识。如果我们从已知影响推理原因,我们只能够知道某一个可能的原因,

从霍布斯出发
Starting with Hobbes

而非影响真正产生的确切方式。"

其次,虽然霍布斯从原因和影响方面进行了探讨,但是他的解释不仅仅局限于物质世界的事件。在他那个时代,"原因"这个术语的使用范围要宽泛得多,他希望这个词也能够覆盖逻辑学和数学。所以,在逻辑学中,前提"引起"了结论;在几何学中,构造的不同方式"引起"了不同的几何图形;算术计算中的和也是由组成它的各个数字"引起"的。正是因为有了这些组合或综合法的例子,逻辑学和数学知识是绝对确定的。

事实上,通过综合法能在自然科学领域获得确定的知识很显然只是错觉,因为确定性只可能存在于逻辑学、数学和其他一些领域里,这是因为我们只能够从我们自己创造的事物中获得确定的知识,比如虚构的物体,例如时钟,我们知道它们是如何运作的,因为我们是按照一定的方式生产它们的。即便我们自己不生产时钟,我们也可以拆开它们(分析它们)再重新组装它们(综合它们)。关于我们创造的东西,霍布斯的举例中最值得注意的便是国家,这也是我们能够获得最完备知识的来源。在《利维坦》引言的开头,他将国家比作由人类仿效上帝创造的人体而创造出的人造动物。但是,由于自然物是上帝创造的而不是我们人,上帝具备以各种可能的方式创造万物的能力,我们无法确定并综合地知道它是如何被创造出来的。事实上,由于我们无法知道原因,大部分可感知的物体不能感知它们自己的来源(比如微小细胞的运动),所以我们最多也只能对来源提出看似合理的假说。这个结论在我们看来会有点矛盾——政治哲学就像几何学一样是一门

第二章 认识论

严密的学科,而自然科学仅仅只是推测的结果。正如霍布斯在《论人》第10章第5节中所说:

> 最能够被证明的定理是关于量的定理,关于量的科学称为"几何学"。这是因为单个形状的特性是我们画出的线条的内在体现,这些形状的产生依赖于我们的意志。我们只需要考虑我们自己在画图形时构造的所有行为就可以知道我们对图形做出的具体转换。因此,几何学被视为可证明的,事实也是如此,因为我们自己创造了图形。
>
> 相反,我们无法从真实事物的原因推断出它们的特性,因为我们没有看见这些原因——看见它们不在我们能力范围内,它们属于神的旨意。它们中最重要的以太也是不可见的。然而,通过从性质得出结论的过程,我们的确发现自己能够尽我们所能进一步证明哪些事物可能是它们的原因……
>
> 最后,政治学和伦理学,或者关于公正与否的科学和正确与否的科学可以自原因推及结果地进行证明。这是因为我们自己创造了原理,通过原理我们知道了什么是公正的、正确的,相反地,我们也知道了什么是不公正的、错误的——换言之,正义的原因,也就是法律和契约。契约和法律被制定之前,人类间不存在正义与非正义,也不存在任何生来就支持或反对公共利益的事物,更不用说在其他动物之间了。

虽然如此，但就像上帝具有创造事物的完备知识一样，我们人类也拥有我们创造事物的完备知识，只是范围局限。这个观点特别适用于几何学，因为在几何学中我们知道如何生成任何可能的几何图形。所以，举个例子，我们能完全肯定地知道三角形的三个内角之和一定等于两个直角的大小，因为这遵守我们构造任何三角形的方式。这个观点对于我们获得关于物理现实的知识也有巨大影响，尽管我们不知道确切的原因，但物体的基本性质是广延性，几何学也是关于广延性的科学。物质性物体的大小和形状可以用几何学来描述，从这些描述中可以得出必要的结论。假设现实由广延的并处于运动中的物体组成，认为几何学不能彻底地为自然提供必要的科学解释也不无道理。也许霍布斯的思想对康德没有直接的影响，但有趣的是，康德在一个多世纪后竟给出了与他的理论相同的解释：我们可以获得关于事物如何展现的必然真实的知识，因为当我们感知世界的同时，我们也在创造世界。

第十节　语言

对于人类推理是如何从接受感觉转变为通过推理创造关于现实的新知识的，这一点依旧没有被解释。关于这个问题，霍布斯的观点颇具独创性也同样易受批评。首先，我们必须思考他对语言的解释，这在

第二章 认识论

《论物体》第2章有所解释,在《利维坦》第4章中被更简略地提及。

所有与霍布斯同时期的哲学家均认为人类与动物的区别在于人类拥有非物质的、永久的、理性的灵魂。由于霍布斯是唯一一个不相信灵魂的人,他就不得不另辟蹊径对人和动物做出区分——运用语言的能力。事实上,他嘲讽人是一种理性动物的传统定义,他指出"logikos"(理性)这个希腊语单词的原意是"具有说话的能力"。结果,在20世纪的"语言学转向①"之前,霍布斯比其他哲学家更多地强调了语言对哲学的重要性。

对霍布斯来说,"词语"(或者他经常称它们为"名称")有两个功能。第一个功能是作为"标记",我们通过使用标记来记录我们的思想和存在于精神的图像。虽然思维过程也可能仅仅由一系列的图像组成,但霍布斯认为,如果是那样,我们就很容易忘记得出的结论,而且没有办法再回想起它们。给图像起名称,我们可以创造一种精神的归档系统,这使得我们能够随意地重获过去的思想。第二个功能是作为"符号"。若语言只是由标记构成,它就只是为一个个体所专有,没有人能告诉他人他们思考的结果。所以群体必须要规定哪些名称代表哪些图像,这样个体才能够互相交流。

语言的好处绝不止这些。如果没有语言:

1. 我们的大脑将会被大量关于个体经历的信息占满。柏拉图等哲学家认为,自然界的万物都是个体,不存在"共性"或是关于事物类

---

① 语言学转向(linguistic turn):用来标识西方20世纪哲学与西方传统哲学之区别与转换的一个概念。——译注

别的抽象存在。我们的精神中也不存在具有相同功能的抽象概念。但是名称可以代表许多个体共同事物的不同方面，由此我们能够将思考无限的个体，而不需要仔细地考虑每一个个体。

2. 我们将会被偶然发生的个体事物或事件所局限，而科学知识又需要共性和必要的法则。只有通过运用具有共性的名称才可能得出科学知识。

3. 如果没有记号系统，运算就不能进行。没有语言的人听到敲钟声——当，当，当——但只有通过记住这些名称"一""二""三"等，他才能知道钟敲了几下。

4. 人类具有语言是一个事实，但这个事实的提出不能简单地依靠感知图像。为了能让我们讨论语言的性质，我们需要引入霍布斯称为"第二意愿名称"的概念，我们也可以称为"元名称"（meta-names）或者名称的名称。只有在我们具备语言时，这些结论才可能成立。

到目前为止一切都说得通。但是，霍布斯对语言的解释也存在问题。第一个问题在于，他认为我们对于名称的选择是任意的。也就是说，什么被称为什么对我们来说完全不受约束。在一定意义上说，除了小部分像"咕咕"（布谷鸟叫声）或者犬吠这样与所指相似的拟声名称之外，我们的确可以说名称与被命名的东西之间不存在内在联系。很明显事实上同样的事物在不同的语言中有完全不同的名称。但问题是，如果我们要在词语的意思上达成共识，我们不能仅仅给我们思想中的图像打上标签，因为他人无法理解。我们需要提供定义。

霍布斯深知这一点。在《论物体》第6章第13—15节，他提到

第二章 认识论

了他关于定义的理论。他十分强调定义，抨击传统的几何方法。在传统几何方法中，定理是通过定义和不证自明的公理论证得来的。霍布斯认为，公理是多余的，因为定理可以直接由结构合理的定义推导而来。他实践了他所宣扬的观点。除了一个运用传统几何方法的简单实验（《光学论文集》）之外，他著作的特点就是运用大量几乎与其他哲学家都不相关的定义。

但如果定义也完全是任意的，要判定真理是如何由它们推断而来的就很困难了。在象棋对局中，我们可以绝对精确地定义游戏规则和每一颗棋子走的每一步，但这不能说明现实也可以这样被定义。同理，欧几里得几何学中的定义也是规定了一个封闭的系统，它或许符合或许不符合现实，而近代科学认为它不完全符合现实。

所以，如果科学知识是为了从名称的定义中进行推断，那么这些定义不可能是完全任意的。当霍布斯说一些定义比另一些更好时，他隐约认识到了这一点，为构成一个好定义的条件制定了标准。一个好定义最重要的特点是它必须包含所定义事物的原因。正如他在《论物体》第6章第13节中所说：

> 我认为定义这些有原因、有形成方式的事物要根据它们的原因和形成方式，理由如下：证明的目标在于获得关于这些事物原因的科学知识和它们形成的方式。如果这个目标没有出现在定义中，它就不可能出现在得自定义的第一推论的结论中。如果它没有出现在第一结论中，它也不可能出现在之后的结论中。这

样就不存在任何关于它的科学知识了,这与证明者的目标和意愿相矛盾。

从他早期文章中的一个例子中我们也可以看出他着重考虑了几何学:

> 至于事物的名称,它可以被理解为具备一个原因,而这个原因或者产生的方式必须包括在定义之中——例如,我们这样定义一个圆:在一个平面上通过旋转一条直线构成的一种形状。

欧几里得的《几何原本》中大部分内容是关于构造某个图形的方法,而不是证明命题。能够用来构造它们(不论是在沙中还是在纸上,或者仅仅在你的想象中)的器材包括一个绘图用的划线器、无标记的直尺和一副圆规。霍布斯的中心思想是:定义最基础的图形,不是静态地描述它们的性质,而是根据利用这些器材构造它们的方式来定义它们。因此,霍布斯对于一个圆的定义涉及圆规的使用,圆规保证了两点之间的直线等长。这个对圆的定义与欧几里得的差别很大:

> 圆是一种平面图形,它由一条线构成,所有从同一定点出发的直线都落在这条线上,这些直线在该图形内的部分彼此相等。

正如我们之前所看到的,在几何学中我们可以获得论证知识,因

第二章 认识论

为几何图形是我们自己创造的,而不是从自然中发现由上帝为我们创造的。相反,我们关于物理对象的知识只是假想的,因为我们不知道上帝到底是如何造物的。从《论物体》第6章第1节中,霍布斯解释了我们如何通过推理得知感觉产生的原因。但当我们在第25章第1节阅读实际的解释时,会发现他不得不原路返回,因为我们缺乏必要的知识:

> 因此,进行理性思考的方式有两种。一种是从某事物形成的方式出发到它可能产生的影响;另一种是从经验中体现的影响出发到它可能产生的方式。在第一种方式中,我们自己要保持事物名称一致,以此来保证推理基本原理(也就是定义)的真实性。我已经在之前的章节中完成了第一部分,如果没有犯错的话,我是仅仅以定义和由定义推断而来的内容作为前提的。也就是说,对于那些在用词方面赞同我的人们(也只有这些人是与我有关的)来说,我没有以任何证明不充分的内容作为前提。
>
> 现在我要开始解释第二部分,也就是从我们通过感觉得知的自然现象和影响出发,到关于它们可能的形成方式(我没有说它们一定会形成,只是可能)的研究。所以,出发点(作为接下来内容的基础)不是由我们创造的,也不能像定义一样被普遍地作为前提。更确切地说,我们的出发点来自对大自然的创造者安排于事物本身的东西的观察,采用的是单一的而非普遍的命题。此外,它们不是定理的必要特征,只是展示了某些特定的可能的形

成方式——尽管包含上文已经证明了的普遍命题。

所以,如果我们回到这个问题:我们如何知道物质的存在?它的基本性质是什么?答案一定是:我们不能确切地了解一个几何命题。但是,通过推理,我们可以做出合理的假设——我们有感觉是因为物体作用于我们的感觉器官,这些物体的基本性质是对所有自然现象做出合理解释的最低要求。

第十一节 推理

推理关于什么?有些观点认为它是上帝赐予我们的神秘魔法力量,霍布斯彻底摒弃了这些观点。相反,他将它简化为一种最简单的活动。《论物体》第一部分的题目"计算或逻辑"就说明了一切。他认为,加减这样最基本的算术运算对我们来说不成问题。我们能够计算,因为我们有一套任意的名称,它们以固定顺序排列,每一个数字都比前面一个大。当我们数物体时,将第一个命名为"一",第二个为"二",第三个为"三",以此类推,直到没有物体剩下为止。我们可以通过从之前中断处继续计数来加上另一组物体,也可以倒着计数来做减法。霍布斯的独创性就在于他认为加法和减法是所有推理的原型,这样一来,推理就不再神秘了。

第二章 认识论

正如我们所见，当我们推理时我们头脑中的名称就像符号一样在运作（尽管霍布斯认为非语言推理这种原始方式是存在的）。这些名称能够被加减以至于它们能组成更概括或更具体的名称。例如，如果你将"理性的"和"动物"相加，你会得到"理性的动物"，这就是人类的定义。由于人类是动物的一个亚单位，加上"理性的"这一个单位使得这个名称更加明确具体。相反，把"理性的"从"理性的动物"中减去，你会得到"动物"，这就比"人类"更加概括了。

同样，我们可以把名称相加，以动词"to be"（至少在拉丁语和英语这样的语言中可以）相连接来获得命题。命题本身也可做加减。霍布斯在《利维坦》第5章（CL 22）中写道：

> 逻辑学家也会用一系列词语做相同的事。他们把两个名称加在一起组成一个命题，把两个命题加在一起组成一个三段论，把一系列三段论加在一起组成一个论证。他们也可以从一个三段论的总结或结论中减去一个命题来获得另一个命题。

第十二节 意义的替代理论

之前，我们了解了霍布斯的意义理论。根据该理论，名称的主要功能是作为记录我们个人思想的符号，而它们作为我们与他人交流思

从霍布斯出发
*S*tarting with *H*obbes

想的符号只是次要功能。他也强调了名称的任意性,这说明,如果它们内部保持一致,任何对语言的使用都是合乎逻辑并且有意义的。事实上,刘易斯·卡罗尔(Lewis Carroll)在写《爱丽丝镜中世界奇遇记》(*Through the Looking Glass*)以下内容时,很可能考虑了霍布斯的观点:

> "当我用一个词时,"汉普蒂·邓普蒂(Humpty Dumpty)用一种极轻蔑的口吻说,"它的意思就是我愿意让它表达的意思,既不多也不少。"
>
> "问题是,"爱丽丝说,"你能够让词语表达这么多不同的意思吗?"
>
> "问题是,"汉普蒂·邓普蒂说,"哪一个意思是最主要的,仅此而已。"

就像汉普蒂·邓普蒂那样,霍布斯似乎也在给予他人创造词语并随心所欲使用它们的能力。然而,就像我们之前在《利维坦》第1章(CL 7)中看到的那样,霍布斯旨在对大学中使用的无意义语言进行严词抨击:

> 由于随后我将谈论它们在社会中的功能,所以如果有机会,我必须让你们明白其中哪些东西是需要被改正的。频繁出现无意义的语言就是其中一点。

第二章 认识论

根本没能给出定义或者给出逻辑上前后矛盾的定义也许是一些无意义语言产生的原因。霍布斯也确实分析了大学哲学语言中的一些矛盾。但对于他所谓的无意义语言，他的抨击范围要广得多。他几乎想要摒弃所有大学传授的哲学和科学，包括大部分神学，尤其是天主教神学，在他看来它们不仅是错误的，而且没有意义。他对于意义的官方理论使他没有指责他人毫无意义的余地。但在少数文章中，他引入了完全不同的理论，达到了理想的效果。有趣的是，霍布斯理论上的改变恰好使得路德维希·维特根斯坦（Ludwig Wittgenstein）经历了理论改变。维特根斯坦在他早期作品《逻辑哲学论》（*Tractatus*）中和霍布斯一样采用了个人主义方法。但在随后的《哲学研究》（*Philosophical Investigations*）中，又反驳了存在个人语言的可能性，并认为语言根本上是一种社会现象。霍布斯对于有意义的新标准是任何语言必须要能够被翻译成普通人使用的"广识的"本土语言，正如他在英语版《利维坦》第8章（CL 46）中所说：

> 一些人的语言仍然存在另一个缺陷——对词语的滥用，被称为荒谬（absurdity），这个缺陷也许能被算作一种疯狂。我在第5章谈过。当人们说话时把一些没有意义的词语放在一块儿，就产生了荒谬……但它只会影响那些讨论令人费解的事物或是深奥的哲学问题的人，比如经院哲学家。普通人几乎从不说无意义的话，所以他们总是被知识精英打上傻瓜的烙印。我们需要一些例子来说明他们说的话其实与他们头脑中所想的话完全无关。拿

出你手中一本学者写的书，看看你是否能将其中有任何难点的任意一章（比如三位一体、上帝、基督的本质、圣餐变体论、自由意志等）翻译成现代语言，让它能被理解。或者，将它翻译成任何能被人们接受的日常拉丁语。"主要原因未必会影响次要原因，但次要原因不可或缺的附属力量也许会产生效果。"——这些话是什么意思？这是对苏亚雷斯（Suárez）的第一本书第六章题目的翻译——《论上帝的民众、行动与协助》(*Of the Concourse, Motion, and Help of God*)。当人们写下这整个题目时，是他们疯了还是想让其他人疯掉？

然后，在第46章（CL 467），他这样写道：

> 我可以列举更多关于经院神学家将无意义的哲学引入宗教的例子，但如果其他人愿意的话，也可以自行观察。我只补充一点：神学老师的著作大多只是一大串无意义、奇怪又十分不规则的词语，或者从某种程度上说是不同于日常使用语的拉丁语，就像西塞罗、瓦罗和那些古罗马语法学家会使用的语言一样。如果有人想要证明这一点，就让他们（和我之前说的一样）看看是否能将这些神学家的著作翻译成像法语、英语或者任何其他广识语言一样的现代语言。对于那些语言中绝大部分不能让人理解的部分，也无法用拉丁语让人明白。

第二章 认识论

言辞是十分美妙,但就是因为霍布斯关于语言的官方学说过于宽泛,才导致它能够默许荒谬的存在,而他的替代理论又过于限制,以至于一些专门术语也被禁止了。"广识的"是个含糊的词语。什么语言才能算作是"广识的"语言呢?很显然,大学老师的拉丁语不能算作"广识的"语言,因为它们过于"广识"了。盖尔语和德语大概也不能算作"广识的"语言,因为目前还没有人用这两种语言写哲学作品。他列举了法语和英语,但他又一次没有考虑农民有限的词汇量。他一定只考虑了他进入的知识界所用的法语和德语。但倘若是这样,他的推理就是一个循环。他和他同道的近代哲学家们建立了一个词汇表,他们利用它来表达他们的机械论世界观,他们排斥以无意义为由推翻的世界观,因为它包含了太多无法翻译成他们自己的极端简化的术语。这并不是说现代哲学家错了,但霍布斯关于语言学的论证是不充分的。近代科学根本上是无法翻译成日常语言的,但这不意味着它是没有意义的。

唯物论

第三章

从霍布斯出发
Starting with Hobbes

第一节 引言

除了运动的物质之外,中世纪的世界还充斥着各种各样的存在,比如,空间和时间(用以区别它们包含的物体和事件)、共性(或称为相同种类物质中共有组成部分的抽象形式)、本质、潜在实体、数字、完美的几何图形、真理、道德观念、终极因、有知觉的物种、超自然力量和美德、非物质的灵魂、天使、灵、幽灵和非物质的上帝。霍布斯认为所有这些东西都是不存在的,他认为每一种自然现象和人类经历都可以仅由运动中的物质来解释。

我们已经见识过霍布斯如何反驳这其中的一些存在了。他认为空间只是一种主观幻象,物体即使不在无法被感知的、非物质的、完全神秘的真实空间中也可以被广延的。他认为进行计算所需的仅仅只是数字,而数字又只是我们以固定顺序列举的任意符号。他还认为关于有知觉物种的理论完全没有解释清楚我们是如何感知事物的,而他自己的关于外部物体对我们的感觉器官施加压力使我们感知物体的理论解释了这一点。本章的主要目的在于讨论霍布斯把现象归纳为运动的物质的其他主要方式,我们将在第六章再涉及对上帝的讨论。

第三章　唯物论

第二节　实体

中世纪哲学衍生出各种不同关于实体的学说，有时会很难分清彼此。引入实体的概念是为了实现一些功能，包括：

1. 仅仅获得感觉图像和获得一个实际存在物体的感觉图像是有重要区别的。一种区别的方式是说在后一种情况下图像具有潜在实体固有的性质（拉丁语"substantia"的字面意思是"位于"感知到的性质"之下"的东西）。实体和它的性质在没有被感知的情况下也是继续存在的，而单纯的图像只有当被感知时才会存在。

2. 性质和联系是不能单独存在的，性质必须是某个事物的性质，联系也必须是某些事物间的联系。它们就像波浪，只能存在于某个媒介中，而媒介是波浪运动的一部分（如果把一个湖中的水排干，湖中就不会有波浪了）。所以，与感知到的性质和联系相区别的实体是一定存在的，而在这些实体中联系又是固有的。

3. 事物是变化的。但如果要让"同一事物发生了变化，而不是被其他事物所代替"这个说法说得通，就必定存在一些事物在变化前后仍然保持不变。这就是潜在于被感知性质之下的实体。如果我的祖父有一把斧头，他换了把手再传给我父亲，我父亲又换了斧刃，这把斧头就不再是原来的斧头了，因为这把从我父亲那里继承的斧头与原来的斧头没有任何共有的实体。

除了潜在实体的通用概念之外,许多哲学家还用这个词来指能够代表独立存在的独立实体,于是情况就变得复杂了。从这个角度说,苏格拉底是一个独立实体,包含了普遍的潜在实体和所有个性化性质。而他的智慧也是一个实体,因为它只能作为独立实体的性质而存在。

实体的定义存在很多问题,其中最严重的就是它难以通过定义被察觉。正如我们所见,霍布斯认为我们头脑中思想的唯一来源是在我们思维中图像淡去之后的感觉印象或者幻象。所以我们可能根本就不知道我们无法感知的事物,实体就是其中一种。我们所有的感觉带给我们的都是物质性物体或物体,如果实体是不同于或者附加于物体的东西,那么我们无法获得它的概念。所以,我们无法获得实体的任何能够支持物质性物体性质的概念,更不用说其他存在的实体特点了。

第三节 非物质实体

然而,这里有一个使情况复杂的因素——不存在的东西人类无法理解似乎不合逻辑。的确,在霍布斯早期的作品中,他很显然相信存在天使,而且它们是非物质的,我们完全无法理解它们的性质。在对笛卡儿《第一哲学沉思集》的第五个反驳中他这样写道:

第三章 唯物论

但当人们思考天使时,他们头脑中有时会出现一团火焰的图像,有时是一个长着翅膀的可爱小男孩的图像。这点让我确信这个图像与天使并不相像,所以它不是天使的概念。但既然我相信世上存在各种各样的服务于上帝的创造物,并且它们是不可见非物质的,我就用"天使"这个名称来代表那些我相信或猜想存在的事物,即使通过这种思想产生的是一种思想中的事物与实际可见的事物的混合物。

大概在那个时候,他认为这是一篇关于信仰的文章,文章里存在非物质的东西。即便这些东西是无法被理解的,他的宗教信仰还是为他相信它们是存在的提供了充分依据。然而之后,他又意识到既然《圣经》里没有提到非物质实体,他就不需要相信它们是存在的。所以,考虑到他没有理由相信这些东西的存在,他不相信它们存在也是合理的。因此,"实体"这个词所代表的范围与"物体"是相同的,可以交换使用。如此一来,他在《利维坦》第34章(CL 262)中这样写道:

> 根据对"物体"的解释,"物体"和"实体"的意义就是相同的;因此,"非实质实体"(incorporeal substance)这样的复合词就没有意义了,正像我们说"非实质物体"(non-bodily body)一样。不论是这种表达还是"非实质"这个词在《圣经》里都是找不到的。

他的作品《论物体》这个标题正是他区分物体和实体的有力声明。如果是传统的作者要写相同的主题，一定会用《论实体》作为标题。

至于天使，霍布斯也不确定它们是灵——一种稀薄的物质，还是一种当上帝想要与凡人交流时用超自然的方式唤起的幻影。例如，在《利维坦》第34章（CL 267）中他这样写道：

> 如果我们仔细研究《旧约》的篇章中提及天使的部分，我们时不时会发现"天使"这个词的概念是上帝为了表现神性的存在而以超自然方式唤起的幻象。

相比之下，他却坚信幽灵的存在完全是一种迷信。在《利维坦》第2章（CL 10）中，他先讨论了区分生动的梦境和现实的困难，然后他写道：

> 凡是胆小、迷信、痴迷于阅读恐怖故事或独自一人待在漆黑夜里的人，即使是在完全清醒的时候也容易产生幻觉，他们自以为看见了幽灵和鬼魂在墓地里徘徊，而事实上这些都是他们的幻象。或者是一些狡猾的人利用人们对迷信的恐惧，穿着已逝的人的衣服在晚上穿过墓地、圣地和一些人们经常会感到惭愧的地方来捉弄他人。

接着他又继续讨论了巫术。他认为女巫没有真正的魔力,但她们自以为有邪恶魔法还有意使用它们,应该受到惩罚。在今天来看,抵制迷信不足为奇,但这还要感谢霍布斯。他著书的年代正值猎巫运动的鼎盛时期,否定非物质实体的存在才能被看作无神论者。尽管他的言论有些懦弱,但在启蒙运动开始之前就支持摆脱迷信的观点也是需要巨大勇气的。

第四节 人类的灵魂

在霍布斯生活的那个时期,关于人类灵魂本质的正统理论是亚里士多德的理论,该理论认为人类灵魂是物体的一种形式。亚里士多德认为,任何东西都是形式和物质的混合物。形式或本质包含一种或多种一般特性,凭借这些特性个别实体被归为某一类或一种,而物质包含它所有的特性,这使它成为一个独一无二的个体。在亚里士多德看来,区别人类和其他东西的定义特性是人类具有理性(人是理性动物)。所以,理性是人类的一种形式,与其他构成了物质的身体特性不同。理性或智力与灵魂之间的等同仅仅一步之遥。

关于亚里士多德是否认为灵魂能够单独存在产生了意见分歧,于是就有了永生(immortality)的概念。当然,最符合逻辑的结论是灵魂不能够永生,因为,如果灵魂只是物体的一种形式,当物体被摧毁时,它就不复存在了。没人会相信一张桌子、一棵卷心菜或是一只猫在被摧毁之后还能继续存在，所以为什么人类会是唯一的例外呢？当圣托马斯·阿奎那将亚里士多德哲学作为天主教的官方哲学时，这就成了一个严重的问题，因为信仰个人永生是天主教的核心思想。而他的解决方法是引入灵的概念，作为一种介于物质和非物质之间的实体——就像幽灵（在有些语言中，比如德语，一个词就能够既表达"灵"又表达"幽灵"）。灵魂需要存在于某一物体中，而上帝为它提供了一个灵性体。

笛卡儿哲学具有革命性的其中一个方面就在于他认为灵魂是一种独立的实体。除了上帝之外，还有两种实体，每一种都有它们独特的界定特征。物质是存在的，它的本质是广延性（大小和形状的几何性质），精神或者灵魂也是存在的，它的本质是思维。这些实体的个别性质是"模式"或者是它们本质的特殊表现形式。物质粒子也许具有独特的形状和大小，但不具有非几何性质，比如颜色和声音，因为它们只存在于感知者的头脑中。头脑总是以某种方式进行思考，但它不可能拥有任何属于物质的性质，也就是形状和大小。

假如精神和物体没有任何相似之处，笛卡儿不但无法解释它们如何互相影响，而且也无法解释非空间的精神怎么能够被称为存在于某个物体"之中"。另外，这些相似之处的确为他提供了反驳灵魂不朽的有说服力的论据，这使得亚里士多德学派天主教神学者也奈何不了他了。由于精神和物体是完全不同的两种存在，我们找不到理由解释在物体被摧毁之后精神不能够继续存在，所以还是只能归因于神的旨

第三章 唯物论

意。但是上帝没必要为了让这一切说得通而创造一种神秘的灵性体。

笛卡儿关于精神的理论不完全是原创的——他的理论很大程度上是遵循了柏拉图和圣奥古斯丁的方式。但之后亚里士多德的学说逐渐变得不那么重要了，这反映了笛卡儿的长期影响力。在近代关于精神还是物体问题的争论中笛卡儿二元论和霍布斯唯物论是主要的争论对象。现在我们就要探讨这部分内容。

既然我们无法获得非物质实体的概念，实体和物体之间也不存在概念上的差别，"非物质实体"这种表达就是一个矛盾，这就意味着霍布斯的理论已经成熟了。由此可以直接推断人类精神不可能是一种独立于物体的非物质实体。

然而，就像笛卡儿在解释精神和物体间如何会存在相互作用遇到了问题一样，霍布斯也遇到了问题。很显然我们能够察觉我们自己和身边的环境，我们也能发挥我们的智慧和意志去改变物质世界。如果我们仅仅是物质性物体，就像树枝和石头一样，那就很难解释我们是如何做这些事了。霍布斯最大的贡献就在于他想出了具体的解释思路——所有人类活动都能被归纳为物质性物体的运动。

霍布斯和笛卡儿都认为动物是纯物质性的自动物（automata），也都反对古人和经院哲学家的观点——动物的"动物灵魂"是生命准则。相反，他们认为只要动物能够活动它们就活着。笛卡儿花了很大力气去解释为什么人类活动只是机械功能。在他未出版的作品《论人》中，他概述了一个理论，根据该理论，感觉包括了"动物精神"的模式或是像从白兰地中挥发出的雾气般的稀薄物质，这种物质从脑腔中心的松果体反射出来,然后通过神经转移到肌肉,由此激发四肢运动。物质究竟进入了哪些神经由松果体反射物质的部位决定,而这些部位又是由其他源自心的动物精神触动的。所以当一个人看见一头狮子时,如果他恐惧就会跑开,如果他勇敢就会接近狮子。简言之,不论有没有灵魂,在许多方面人体的行为都是完全相同的——就好像处于自动驾驶状态。

霍布斯和笛卡儿的不同之处在于霍布斯将所有的人类活动都归纳为物体运动,而笛卡儿认为至少有两种功能可以仅以存在非物质的灵魂来解释。这些思考和陈述包含了抽象的概念,而意志的道德行为会指导身体去做自然状态下不会做的行为。

笛卡儿对存在非物质灵魂的实际论证是著名的"我思"论证——"我思故我在。"他的要点在于他可以想象出整个物质世界,包括他自己的身体,一切都可以是非存在的(non-existent);但其他的一切都不存在时便不能想象出思想了。不存在没有思考者的思想,所以他必须作为一个能思存在(thinking being)或者一个灵魂而存在。由于他认为他具有不通过任何物质性存在进行思考的能力,他在思考的灵魂就一定是非物质且独立于身体之外的。

在对《第一哲学沉思集》的第二个反驳中,霍布斯对这一论证提出了两点批评。第一个批评是,尽管笛卡儿不存在没有思考者的思想的想法是对的,但他不确定思考者必须是非物质的。在我们的经验中,只有物质性物体才会有活动,除此之外,我们想象不出其他的代替者。我们没有理由认为人类思想是一个例外:人类和其他的主体的区别就

第三章 唯物论

在于人能思考:

> ……可能能思考的事物是精神、理性或理解的基础和主体,因此能思考的事物一定是物质的。笛卡儿毫无证据就假设它是非物质的。而且,他似乎想根据这个推论提出结论。能思考的事物是物质的,因为只有当所有活动的对象被看作是有形的或物质的时,它们才能被理解。

第二个批评实际上就是之后休谟和康德提出的:思想的主体不可能同时也是它的客体,否则就会存在一个无限回归(infinite regress):

> 即使你可以思考已有的思想(这种形式的思考只是记忆),也绝不可能思考当前的思想,更不用说知道你所知道的东西。这种情况会导致一个无限回归:你如何得知你是否真的知道你知道的东西就是你知道的那样的(how do you know that you know that you know that you know)?

这也许看起来是个特别抽象又无根据的反驳,但是它可以通过一个物理中的相似情况来阐明:如果你看着镜子,你的瞳孔是黑色的——但你无法用同样的方式看视网膜。即使你去找验光师,他把镜子摆在你面前用手电筒检查你的视网膜,你也只能看见手电筒的光,看不见视网膜。这不仅仅是个物理学问题,还是个逻辑学问题:如果我们将要获得知识,就一定要存在一个根本主体(不管是视网膜还是思想),这个主体不能是它本身的客体。

到目前为止,我故意不使用"知觉"这个词,因为笛卡儿和霍布斯都没有用它来指代这样的近代意义——独属于人类的特殊自我意识(尽管最近有人提出高级灵长动物可能具有类似人类的知觉)。他们两人都谈到了"思考",意思是以抽象概念进行推理。但是他们都没有明确地提出人类知觉的区别性概念。于是,洛克首次提出了这个概念,而莱布尼茨独自用了"apperception"(领悟)这个词来表达相同的东西。

然而,霍布斯和笛卡儿都明确认为人类和动物是不同的种类,人类具有自我意识,而动物没有。如果灵魂不能够自知,笛卡儿的"我思"论证就毫无道理了。而霍布斯则更难以捉摸,他想强调人类和其他动物之间的连续性。他所讨论的差别更多的在于它们的智力,而非自省的能力。然而,我们已经知道,对霍布斯来说,理性动物的界定特征是否具有使用词语的能力。于是他把这个观点运用到了对笛卡儿《第一哲学沉思集》的第六个反驳关于知觉的问题中去了。在这里,他说明了动物也许也有和人类一样的思想,"思想"指的是一系列头脑中的图像,但是只有人类能用语言判断思想的真假性,并基于自身经验发表评论:

> 除此之外,没有语言和名称,断言(assertion)和否定也不能存在,所以动物不能断言也不能否认任何东西;没有思想它们也不能够存在,所以不能说话的动物也不能做出评判。人类的思

第三章 唯物论

想和动物的思想依然可以是相似的。当我们断言一个人正在跑步时，我们的思想与一只狗看它的主人正在跑步时所拥有的思想是没有区别的。所以断言和否定给简单思想添加的也许仅仅是这样一种思想——断言所包含的名称正是做出断言的人头脑中所想事物的名称。这仅仅只是给思想加入了它与客体的相似之处，但却加入了两次。

说"加入了两次"还是客气的说法，事实上我们不但知道事物，还知道我们知道它们。就说到这里，不然我们又要进入无限回归中去了，就像刚才提到的"知道我们知道的东西就是知道的那样"。

第五节　非真空

似乎霍布斯已经想当然地认为实体就是物质，这样得出的结果是可能不存在真空。所以，在英语版《利维坦》第46章（CL 459）中，他这样写道：

> 这个世界（我指的不仅仅是地球……还包括宇宙，即所有存在的一切）都是物质的（即物体），所以存在量纲（dimensions of magnitude）（也就是长度、广度和深度）。而且，物体的每一部

从霍布斯出发
Starting with Hobbes

分也都是物体,具有相同的量纲。所以,宇宙的任何一部分都是物体,如果不是物体就不是宇宙的一部分。并且,由于宇宙包括了一切,所以不构成宇宙的东西就不存在(因此也不存在于任何地方)。

这里的最后一句话排除了真空的可能性,原因是:如果有人认为存在真空,那也必须存在于某个地方(比如说真空瓶中)。但是霍布斯的说法只有在把真空当作某种非物质存在(就像人类灵魂或天使)时才说得通。由此的确可以推断出这样的命题:一切存在的东西都是物质的,不存在非物质的东西。但如果不把真空看作一种存在,仅仅看作一切都不存在,那么霍布斯的观点就不能成立了。说一切存在的东西都是物质的并不矛盾,但有些地方的确不存在任何东西。如果你把容器中的所有物质都抽空,那么真空就出现了,容器的内壁决定了它所处的位置。

在他的早期作品中,霍布斯的确认为少量真空空间是存在的,但他在1648年改变了看法。1648年2月17日,在给梅森的一封信的附言中,他讨论了托里拆利[①]用水银温度计做的实验:

> 据说当水银沿着玻璃管下降时遗留下来的空间就是真空。但从另一个角度看,也可以看作是这种反光的物体通过真空传导的

[①] 托里拆利(Evangelista Torricelli,1608—1647年):意大利物理学家、数学家,他的首要发明是水银气压计。

第三章 唯物论

过程——虽然我认为不可能。如果可以，我希望您能通过感知到的图像发现穿过真空的那种东西的形状，以便证明光线无法通过真空传播，而是通过玻璃管里的真空中所包含的物体做圆周运动来传播的。

认为光线以圆周运动而不是直线运动在玻璃管中传播的想法颇具想象力。这种想法虽然不能算作是对弯曲时空概念和光纤电缆的发明的预测，但足以显示霍布斯极其开明的思想。但之后这个想法便没有了下文，霍布斯匆匆得出了结论：真空是不存在的，正是因为当所有空气都没抽空时，光是以直线传播的。

这个观点比之前认为光只能通过一种实体媒介传播的观点要合理得多。正如我们所知，霍布斯之前的理论认为光是通过一部分以太推动另一部分进行传播的。如果没有以太，光就不能传播。所以，试想所有玻璃罐里的物质都被抽空，它就会变得越来越暗，直到最后所有光都不能够传播了。这里暂且不提19世纪和20世纪对以太存在的观点，但在霍布斯那个时代，提出这一点完全合理。如果我们能够看穿表面上的真空，那么一定要么是有物质介质在支持光波穿过它，要么是有物质性的光粒子穿过了它。不管怎样，它都不完全是真空，其他替代理论必将诉诸非物质的或迷信的力量。在霍布斯看来，大气包含密集的混合空气，它们可以在完全密封的物体中被完全抽尽，而更稀薄的以太则可以通过粒子构成的屏障。以太无处不在，不能被抽尽。

霍布斯在《论物体》第6章中提出了真空的问题，但他所提出的内容不具有可鉴性，比如上述观点，也是他自说自话提出的。他所有令人信服的论据都体现在了一个现象上，要解释这个现象只有假设真空不存在（有一种浇水壶，如果阻止空气进入便能够关上）。他的大多数例子旨在否定和批评那些支持古罗马哲学家卢克莱修①《物性论》中关于真空观点的看法。

几年后，科学家罗伯特·波义耳声称成功建立了一个真空泵，并且创造了一个真正的真空。霍布斯在《物理学对话录》(A Dialogue about Physics, 1661) 中对此做出抨击。波义耳在他的《对霍布斯先生在真空问题上的言论的批评》②(Animadversions upon Mr. Hobbes's Problemata de Vacuo, 1674) 中对此做了回应。霍布斯不仅盲目地否认波义耳真能将空气从玻璃容器中抽走（至少是一部分），还对所观察到的现象，例如玻璃容器中小动物的死亡做出令人难以置信的解释。对于波义耳来说，他不能理解霍布斯针对相信以太无处不在所做的解释。事实上，这两位哲学家在黑暗中擦肩而过。波义耳及他在皇家学会的其他同事只接受被观察者们所证实了的感官体验，并将其他的解释看作没有科学依据的纯粹的形而上学的假说。霍布斯认为感官体验的研究结果只不过是博物学，真正的科学应当包括必要而普遍的，源自真实的真理。在波义耳看来，真空是一个实验现象；而在霍布斯看来，以太是光传播的一个必要条件。

---

① 卢克莱修（Titus Lucretius Carus，约公元前 99—约前 55 年）：罗马共和国末期的诗人和哲学家，以哲理长诗《物性论》(De Rerum Natura) 著称于世。
② 原文作者指出此题目不准确，由于未找到权威的题目，所以此处为原文的直译。——译注

第三章　唯物论

第六节　共相[①]

共相问题是中世纪哲学的一个经典争论。共相，是指事物的一个类别，与之相对的是一个单词，一个概念这些殊相，也称为个体。例如"地球"这一概念，"托马斯·霍布斯"这一名字是殊相，它们各指一个事物。但是"猫""好的"可指所有实际的或可能存在的"猫"或者"好的东西"。殊相不存在不确定指向哪一个的问题。"地球"就是指我们人类居住的星球，"托马斯·霍布斯"指的是来自马姆斯伯里的著名哲学家。共相特征适用于多个殊相，在这一点上存在三个理论。

第一个理论是共相实在论，实在论者认为不同种类的东西在本质上是不同的。就像猫不同于狗，金子不同于银子，这也是无法改变的客观事实。因为每个物种的成员之间都有共同特征，而这些特征是它们不与其他物种所共享的。当我们说起一个物种的特征，仅仅指的是成员的共同特征，而不是个体的个性化特征。因此，如果我说"人类是一种理性的动物"，我指的是一般概念上的人类，而不是单指矮矮的、胖胖的、秃顶的彼特，或是瘦瘦的、有着一头金发的骑摩托车的简。至于共同特征是什么，有两种经典的理论对此做出了解释。

[①] 共相（universals），简单地说就是普遍或一般，在某些语境中其被译为"共性"。——译注

从霍布斯出发
Starting with Hobbes

最早讨论实在论的是柏拉图，他认为共性先于可感事物而存在。在时空之外，存在一些"形式"或"理念"延续着每个物种的本质。个别事物只是对其所属物种的理念的一种不完美复制，由于自身的各种特征，他们还达不到一种理想的状态。我们可以发现个别或多或少的趋于完美，但是地球上任何事物都不是完美的。例如，一个理想的圆必须符合几何定义上"圆"的特征，但是在沙滩上画的圆，任何用机床加工的圆形物体或制陶器用的轮盘都不完全具备这种特征。对于我们如何来认识理念，柏拉图有一个令人费解的形而上学的理论。他认为，灵魂在我们的生命之前和之后都存在，在它进入人的身体之前，直接"看到"过那些形式，因为灵魂和形式都是非物质的，相似相知。只不过灵魂在与躯体结合之后，便遗忘了这些对形式的认知，但是，由于灵魂在日常生活中对事物的相似体验，这些认知又会被唤醒。

柏拉图的学生亚里士多德反对这种说法，他认为共性就在个别之中。他反对柏拉图的形而上学理论，主张理念是一类事物共有的性质，其确实存在于个别实体之中，并不脱离于我们可感的这个物质世界。事物的实体是由形式和质料共同构成的，两者缺一不可。我们对客观事物的认识取决于我们的感官体验，人类和动物有着一样的感官体验（即不同感官对外界变化的主观感受）。而人类和动物在这个认识上的区别在于，人类可以通过理性从感官体验中提取出理念，但动物却不能。亚里士多德没能解释为什么人类可以获取理念，他认为理念在本质上是理性的，实体的所有特征都是物质的。动物是非理性的，只能识别物质性的特征；而人类是理性的，既可以识别物质性的特征，也可以

第三章 唯物论

识别理性的特征，但这似乎并不是一个完美的答案。因此，虽然亚里士多德深受柏拉图主义的影响，但他始终坚持自己最初的观点，即相似相知：物质性的元素与物质相通，理性的元素与理性相通。即使我们认同他对于理性和感官的分析，但还是很难理解理性的理念存在于物质的实体之中。

关于共性的第二个理论是概念论。概念论认为世界上不存在共性的实体。例如柏拉图和亚里士多德所说的"理念"，这是不存在的。任何事物都是个别的，只有人类思想中的概念才是共性的。因此，个别事物属于同一类不是因为它们有这一类的共同特征，而是因为人们把它们归于这一概念。这一理论摒弃神秘的理念，也避免世界上的事物恒量且永存的假设。尽管概念论有较大的灵活性，但这并不意味着它对事物的分类是主观性的。我们通常所说的概念是一般性的，因为它所适用的特征是一类事物共有而其他事物没有的。纯金的东西可以有不同的形状、尺寸和功能，但是它们有相同的原子量和大致相同的颜色。即使世界上没有完全相同的两只猫，但是它们和任何一只狗比起来，还是彼此之间有更多的共同点。但是单个的特征只是代表个体本身，只有包含所有个体特征的概念才能称为共性。

共性的第三个理论是唯名论（来自拉丁文 nomen，指名称）。根据这一理论，只有名称和词是共性的。然而唯名论有三种不同的类型。最极端的唯名论认为由于现实中没有与一般概念相对应的一般事物，因此他们是无意义的。当然以此来否认"金的""猫"这类词有意义是非常矛盾的。很遗憾，没有一部极端唯名论者的作品留存下来。据

从霍布斯出发
Starting with Hobbes

传,希腊哲学家克拉底鲁(Cratylus,一个和苏格拉底同时代的年轻人)曾对语言的意义持严重怀疑态度,以至于他完全放弃说话。在中世纪,法国哲学家罗瑟林(Roscelin)因主张"概念都是吹出来的"而受到坎特伯雷大主教安瑟伦(Anselm)的指责[出自安瑟伦的《论三位一体和道成肉身的信仰,反对罗瑟林对上帝的亵渎》(*On Faith in the Trinity and on the Incarnation of the word, against the Blasphemies of Roscelin*)]。在我们这个时代,一些后现代主义哲学家详细分析了语言的终极无意义性。

另一个不太极端的唯名论认为本质没有类别之分,同一类事物所共同拥有的只是相同的名称。换句话说,将事物分门别类只是纯粹的人类活动,如何把事物分为不同的类别完全是随意的。但是以此来否认我们的一般概念有物质基础依然很矛盾,金不同于银,猫不同于狗,这些不仅仅是人类的突发奇想。

还有一种比较中立的唯名论,它相似于概念论,但是它主张语言高于概念。一般词汇指的是事物的名称而不是概念。当我们谈论到一般类别,无论我们脑海里在想什么,我们只是在进行心理探索。我们以事物共有的特征为基础来对他们进行分类,但是分类的方式有无限种,而哪种分类依据有意义完全取决于我们,并且在不同的社会,分类的方式也不一样。

现在我们来讨论霍布斯对于共相问题的立场。他是一个唯名论者,在《法律原理》的第5章第6节"现实中不存在共性"中他说:

第三章 唯物论

正因为一个名称对于一些事物来说是共相的，所以人们才会认为事物本身是共相的。他们重点强调，世界上除了彼特、约翰及其他现在的、以前的或是未来的个人之外，还有其他人类，即一般意义上的人类。但是他们错误地将共性或一般名称直接当作它所指代的事物。如果你让一个美术家画一个人，这也只意味着他可以画任何他想画的人，这个人可能是以前的、现在的抑或是未来的，但都不是共性的。但是，如果你让他画一个国王的肖像，或是其他具体的人物，你就是在限制这个美术家画你所指定的人物。显然，共性的事物不能脱离名称而存在。因此，共性也叫"无限的"，因为我们自己不能决定任何个体，而是让听者将这些名称应用于个体。相比之下，单个的名称仅局限于众多事物中它所指代的那一个。正如当我们说"这个人"时，我们指向他，给他适当的名字或用其他的方法来指代他。

霍布斯对实在论的问题的分析是非常深刻的，特别是基于一个论点来论述语言的本质，即实在论者假定一个单词只有在有实体与之直接对应的前提下才有意义。单词"human"不是指"彼特"或者"约翰"，一定有一个单一的一般人类与之相对应。但是霍布斯指出，一般名称和个别名称的区别之处不在于一般名称指一般实体，而在于它可以指无限的个体。

对于"人类"是如何不确切地指代"彼特""约翰"等，而不是指其他个体，如彼特的狗或约翰的帽子，他并没有做出解释。普遍名称的意义是被定义出来的,这个定义用来说明此名称所包含的一类事物的共同特征。但是这样看来霍布斯其实是一个唯名论者。例如,他完全乐意接受亚里士多德对人类传统的定义"人是有理性的动物"。因此,他赞成从客观上讲,一部分动物是有理性的,而另一部分没有:人类就是人类。从这个角度来看,霍布斯是个实在论者。然而他和亚里士多德至少有两个不同点:第一,他认为任何事物都是物质的;第二,他认为与事物的自然类别相对应的形式是无限的。只要存在共同特征,人类就可以定义任何一类他们喜欢的事物。例如,我们可以突破传统的对于狮子、老虎、猫及其他有橙色皮毛的动物之间的区分,创造一个新词来定义它们。

接下来我们来讨论霍布斯的唯名论与概念论的不同。一旦一个唯名论的哲学家认同在我们的脑海中存在与一般语言性词汇相对应的一般概念,那他就成了一个概念论者。《论物体》第1章第3节"论心理推理"中,霍布斯对此做出反驳。他认为即使我们没有语言,我们也可以有一般概念,并用它们来进行推理。他写道:

> 但是问题是,当失去语言,我们如何只通过心理推理来对思想进行增减。设想人们远距离看一个事物时,这个事物是模糊的,即使没有词语来形容它,他们也可以通过称之为"物体"对这个物体有一致概念,因为他们给予了其名称。凑近点看,他们会发现这个物体不知怎的移动了,他们会通过称其"有生气的"对其有新的概念。然后再靠近点,他们会看到其形状,听到其声音,感

第三章 唯物论

受到其他具备理性思维的特性,即使这个事物没被给予名称,他们也会有这第三个概念,因为他们知道有些事物是有理性的。最后,当我们把这个物体看作是一个完整的确切的整体,我们对其有了综合之前所有概念的整体认知。这就是大脑如何将以上名为"物体"的个体,有生气的和有理性的这些概念集合了起来,在语言上称之为有生气的、有理性的物体,或人类。

这算不上一个对于我们是如何获取一般概念的很好的解释,因为他将事物的一些易被发觉的特征误认为更一般的特征。我猜想霍布斯是被我们远距离看东西时是模糊的,只有近距离才能看到细节特征给误导了。他将远距离的模糊性,缺乏特殊性的一般概念以及近距离观察某一物体时其只与一小部分物体共有的细节特征混为一谈。

这一理论不仅自身不成立,而且它与霍布斯在《论物体》第2章第9节关于当我们使用一般词汇时我们的思维是怎样的论述也不一致。他写道:

"共相"不是世界上的事物的一个名称,一个概念,也不是一个空想,而是一些词语或名字的名称。因此,当我们说一个动物、一块岩石或一个意象等是一个共相时,不是指任何人或岩石是共相的,而是指词语"动物""岩石"是共相的名称,换句话说,是一些事物共有的名称,并且脑海中与之对应的概念是个体事物的意象。因此，除了想象力，我们不需要其他能力来帮助我们理解共相。通过想象力，我们可以记得某类词曾出现在脑海里，这些词有时是关于这个事物，有时是另一个。

在这里，霍布斯明确表示只有名称是共相的，任何伴随词语的意象都是特定事物的意象。这就像小说中的插图：故事的意义是由文中的词语决定的，而对于每个用插图说明的事件，都有无限种可能的图示与之相对应。相对于概念，霍布斯更看重名称，从这点看，他是一个唯名论者，而不是概念论者。

第七节 真理

一些哲学家认为真理独立于物质世界或人类而存在，恐龙在人类进化并发展语言的几百万年前就已经存在的说法貌似是真的，人们发展了语言后可能会说"恐龙存在过"或其他类似的话。同样，如果有一天整个物质世界遭到毁灭，共相也将在某一个时间消失。

霍布斯完全不同意，因为他认为真理是一个命题而不是一个事物。命题"恐龙存在过"是真的，因为恐龙真的存在过。但是这只能说明命题是真的，而非恐龙是真的。因为没有命题就没有真理。并且命题不能脱离人类语言中的单词所组成的句子而存在。值得注意的是，语言群体用任意定义的单词所组成的句子来交换信息。我们之所以用任意的术语如"概念"或"命题"，就是为了表明尽管在不同语言中，单词及单词排列不同，但它们的意义相同。因此，我们说英语中的"house"和法语中的"maison"指的是同一概念。因为当一个英国人和一个法国人被问及"house"或"maison"是什么时，他们都会指向同一类物体——房子。同样，当评价"My house is large"和"Ma maison est grande"的真实含义时，他们也会给出同样的答案——我的房子很大。概念和命题是基于单词和句子而存在的。如果世界上只有一种语言，单词和句子可以脱离概念和命题而存在，但是，概念和命题却不能脱离语言使用者而存在。

在《论物体》第3章第8节"真假属于语言而不属于事物"中，霍布斯写道：

> 由此可见，真假只在人类使用语言时才存在。如果没有语言的动物在镜子中看到一个人，它们也会像碰到真的人那样畏缩。但是它们不是把其看作是真的或假的，而是和人类相似的。这样来说，它们就没有被欺骗。因此，就像通过理性人类可以正确理解语言，他们也会误解语言。就像哲学只能使人类更优美，只有人类才是会对荒谬的教条感到羞耻的主体。也可以说，最初的真理出现于人们最开始给予物体以名称或接受其他人定义的名称时。例如"人是动物"是真的，仅仅是因为人们随意地给予同样的事物两个名称。

在这里，霍布斯将他的哲学理论中的三个主题结合在了一起。第一个主题是人类凭借其语言能力与动物区别开来。第二个主题是人类所处情况可能比动物更糟，因为我们人类才可能有依附于语言的荒谬信仰。例如，没有动物相信占星术，但是许多人会相信。第三个主题是真理的概念不能脱离于语言的使用而存在，语言完全是人类的产物，没有人类就没有真理。

第八节　无限

另一个争论的焦点是是否存在无限数量，或是否存在无穷大或无穷小。一般来说，相信存在与数学上的术语和概念相对应的非物质实体的数学家们都相信无限的存在，但是那些将数学与经验紧密联系的数学家们就反对他们，霍布斯就属于后者。

霍布斯对"潜无穷""完全无穷"和"真无穷"做了对比。"潜无穷"简单地指无论你走多远，你总能走得更远。"完全无穷"指确实存在无穷量，无穷多的事物，无穷远的距离，无穷的时间或无穷小的粒子。他接受前者，但对后者持怀疑态度。在《论物体》第 7 章第 12 节中，他写道：

第三章 唯物论

> 如果可以有数量更多的速度和时间，那么时空就是潜无穷的。值得注意的是，在潜无穷的时空中，即使有比任何指定量都多的可被计算的速度和时间量，这个量仍然是无穷的，因为任何量都是无穷的。

在这里，他的大概意思是"潜无穷"不是真正的无穷，因为如果它有数量，即使其超过了人们所能计算到的极限，这个数量也是无限的。在《论物体》第26章第1节中，霍布斯论述了人类极限：

> 你永远无法达到永恒，你终将会由于精疲力竭而放弃，甚至无法确定能否达到更远。

就像不存在无限大的数量，也不存在无限小的颗粒。在《论物体》第7章第13节中，他说：

> 人们通常会说时间和空间是无限可分的，但这并不就意味着一些无限或永恒的细分真的存在。换句话说，任何细分都可以再进行划分；或者说，不存在最小细分；或正如大多数几何学家所说，人们总可以指定一个比已知量更小的量。

对霍布斯来说，词语"无限"是毫无问题的，因为我们可以给它一个一致性的定义并在实际中使用。就像他在《论物体》第5章第5

从霍布斯出发
Starting with Hobbes

节中说:

> "数量是无限的"这一说法是错误的,因为除名称或单词"数量"外,不存在无限的数量。当名称没有被大脑中明确的数量所证实时,虽然它被称作"无限",也没有事物与之对应。

我们对完整无穷没有任何概念。正如他在《利维坦》第3章中所说:

> 我们的想象力是有限的,没有概念能与"无限"相对应。人类的大脑无法容纳无限大的意象,也无法设想无限的速度、压力、时间或力量。当我们说事物是"无限的"时,我们是说无法达到事物所能及的界限,只是在设想自己的无能为力。因此,如上所说,任何我们所设想的都是之前被感觉感知过的。人们无法想象未被感觉感知的事物。除非事物在空间中存在,有有限的量,还可以被分割,否则人们无法感知,也无法感知同时出现在不同地方的事物,或在同一时间同一地方出现的两种或两种以上的事物。这些事物未曾或不能被感知到,它们只不过是被那些受蒙骗的哲学家或误解的大学教授所宣扬的毫无意义的废话。

这里有两个论点:第一个论点是,由于人类大脑是有限的,所以它太小以至于不能容纳无限的概念。这是一个不好的论点,因为它只设

第三章 唯物论

定一个概念必须指明其所属事物的特征,而忽略了一类抽象事物的精神意象。如果霍布斯坚持认为名称只有在有确切定义的情况下才是无穷的,他将会有更坚实的理论基础。碰巧,在这一点上,笛卡儿和霍布斯犯了同样的错误,因为他认为由于人类自己无法创造出"上帝"这一无限的概念,那么这一概念一定来源于一个真实存在的"上帝"。

第二个论点相对合理,它认为我们能够想象到的都是我们曾经经历过的。我们的经历是有限的,因此我们没有无限的概念。那么问题来了,即使我们没有无限量的概念,这些无限量还能否真实存在?在《论物体》第7章第12节中,霍布斯否定了一个观点,就因为这个观点支持将世界看成是有限的。他认为这是谬误的,他指出:

> 当我们问世界是有限的还是无限的时候,我们脑海中没有与单词"世界"相对应的概念,因为无论我们计算到多少颗恒星,第九个、第十个甚至第上千个星体,我们的想象都是有限的,只是简单地凭借能被想象得到的事物得来的想象。唯一的问题是上帝是否像我们能增设空间那样增加物体。

由于我们无法经历或感知无限,无限量是否存在不是一个科学或哲学的问题,而是一个神学的问题。正如他在《论物体》第26章第1节中所说:

> 因此,世界的大小和起源不是由哲学家决定的,而是由那些

对神灵的崇拜负有法律责任的人决定的。最让人无法原谅的是，有这些荒谬看法的人不是业余爱好者，而是几何学者，即使别人的证明超出了自己的能力范围，他们还是将自己设定为判定这些证明结果的严格法官，因为一旦他们纠结于"无限""永恒"这些在脑海中没有概念与之对应的词语，他们不仅无法理解，还不得不说一些荒谬的话或保持沉默（虽然他们并不喜欢这样）……因此，我先忽略无限和永恒的问题。我欣然接受《圣经》中关于世界的大小和起源的论述，包括用来证明它们的神奇故事，以及其中关于我们国家的传统和对法律的尊重的教导。现在我要涉及其他方面，当然讨论这些不会亵渎神明。

无论霍布斯怎样相信无限是真实存在的，他都比同时代的人更清楚地意识到自然物体的无限小和宇宙的无限大。在《论物体》的第27章第1节中，尽管他曾荒谬地断言已经有超过10万分辨率的显微镜，但他还是推断存在小到无法在显微镜下看到的生物。然后他接着说：

> 物体可以小到的程度不再比物体可以扩展到的庞大尺寸更让人感到惊奇。无限的力量可以让事物无限的大，也可以让其无限的小。这种力量不仅让轨道（即从地球到太阳的范围）在太阳和恒星的距离面前像一个点，还可以在同样的比例下，让物体比任何可见的物体都小。

第三章 唯物论

第九节 几何

我们已经看到霍布斯是如何通过随意决定数字名称的顺序来减少算术计算的过程，他却没有预料到数字具有独立存在性。几何不是一个简单的问题，因为霍布斯想让几何真理在物质的现实世界中也是真理，而不是只存在于完美的圆形、三角形、立方体或其他图形这些物质之外的领域。说这是一个问题是因为尽管自然数可以具体化到物体，但是几何量却不能。

特别是在毕达哥拉斯的那个时代，人们就已经知道有确切的抽象定义的量不能被实实在在地具体化。例如，如果一个直角三角形的两条边长都是一个单位长度，那么这个三角形的第三条边长则为$\sqrt{2}$，且有无限个小数位（1.4142135623730950488168872 4209…）。这就意味着如果前两条边都是由小原子构成，那么第三条边不能由同样大小的原子构成，因为它会更长或更短。相似地，如果一个圆的直径是一个单位长度，那么这个圆的周长就是π或是3.14159265358979323846264 3383279…如果直径由小的原子组成，周长不能由同样小的原子组成。因为它会更长或者更短。$\sqrt{2}$和π这类的数字是"无理数"，因为它们和1、2、3这类自然数之间没有有限比。

这带来一个严重的问题：几何如何与现实相联系。毕达哥拉斯和

从霍布斯出发
Starting with Hobbes

柏拉图认为几何图形就是真理，例如直角三角形和圆形只存在于概念领域，而物质世界的直角三角形和圆形只是与它们相似。尽管我们可以通过技术尽可能接近它们，但是我们无法构造出完美的三角形或圆形，几何公式也只是以不同的精确度来应用于现实。

霍布斯对此表示不认同，因为他否认非物质物体和抽象概念的存在。从根本意义上来讲，几何是关于真正存在的物质的。唯物主义者重视几何的必要的真知，经验主义者重视我们如何理解几何，用哲学理论使这二者保持一致是件很困难的事情。这对之后康德的哲学思想是个很重要的挑战。不幸的是，霍布斯走错了路线。他否定无理数的存在，认为几何可以直接运用到真实世界中。霍布斯声称，他能以圆画方，意思是说，他可以用欧几里得几何学构造一个和圆的面积一样的正方形。实际上这是不可能的，霍布斯反复在刊物上发表文章展示他能以圆画方，但是这些文章中满是错误，这极大地损坏了他作为近代主义哲学和科学革命领导人之一的名誉。一些数学家详细地批判了他，但是他非但不承认他的错误言论，还蔑视他的批评者们，并坚持写关于以圆画方的书籍。

然而，大体来讲，霍布斯对于几何一定是关乎现实世界的坚持也是合乎情理的。先不管 π 的不可通约性，我们用圆轮来测量直线距离，发现用边长比 $1:1:\sqrt{2}$ 来画直角三角形并不比用 $3:4:5$ 难。因此，无论无理数是否存在，在某种意义上，几何学一定是关乎我们的经验世界的。霍布斯强烈地感受到几何学者简单地错将他们认为的科学看作是真理，是脱离于物质世界而存在的抽象领域。他们和相信非

第三章 唯物论

物质实体存在的形而上学者犯了同样的错误。正如霍布斯贬低大学里那些轻信无能的哲学家一样（他经常如此），他也贬低那些数学家。

霍布斯没有意识到当大学的哲学家们还在致力于传统的经院哲学时，数学家们在学生时代就已经彻底改变了研究领域。人们认定的合理演绎的唯一方法是古希腊的综合法，其从简单的定义和公理延伸到复杂的定理。他们研究几何的方法是用简单的直线和曲线来构造复杂的几何图形。从这个意义上来说，这个方法也是综合法。所以，古希腊几何可以在现实经验世界中直观地再现出来。

弗朗索瓦·韦达（Francois Viete）革命性地打破了这一方法，他支持解析法而不是综合法。笛卡儿进一步发展了他的这一方法。笛卡儿的解析几何使他像被誉为"近代哲学之父"那样被人们称作"近代数学之父"。解析法的本质是用代数而不是直观图形来定义几何图形。例如，圆的通式是 $x^2+y^2=k$，我们给予变量以特殊值，并使用笛卡儿坐标就可以将一个具体的圆以图形的方式展示出来。但是几何方程是主体，图形只是用来解释它的具体方式。对笛卡儿来说，最重要的是将有理有据的真理同感觉或想象出来的幻觉分开。即使是无法在时空中代表一定事物的空洞思想也会认同用代数表示的几何真理。

当然，霍布斯并不这么认为，对他来说，所有的真理都和物质世界相关。在《论物体》第20章第6节中，他明确表示反对韦达的解析方法：

分析规则并不能成就一个好的几何学者，但是综合法可以，它始于元素自身并合理运用这些元素，正如欧几里得主张的那样，几何教学的最好办法是综合法。如果你信奉欧几里得，就算没有韦达的理论支撑，你也可以成为一个几何学者。尽管韦达是一个令人钦佩的几何学者，但是如果你信奉韦达，却没有欧几里得的理论作为支撑，你就不能成为一个几何学者。

在下文中，他明确表示解析方法的问题在于脱离现实：

这完全不适用于几何的学习和教学，只适用于保持那些更新速度快而内容简单的几何发现所创的纪录。尽管符号能让对命题的长期探索变得容易，但我并不提倡它被大量运用，因为它脱离了事物本身的概念。

在21世纪，对于数学到底是关于物质世界还是一个抽象永恒的独立领域的问题还存在争议。霍布斯完全认同第一个说法而反对时下流行的观点。很遗憾，他试图以圆画方的严重错误使他的论点并不那么让人信服，但是这并不影响他的哲学立场，他认为所有的真理都适用于现实世界。

第三章 唯物论

第十节 原因

和亚里士多德在他的《物理学》第2章第3节中的思想一样,经院哲学家们也认为原因,即解释事物的办法可以归为四类。这些原因相辅相成,共同构成一个完美的解释。

第一类是物质因,或是物质的构成要素。比如,两个除材质外其他都相同的雕塑,其中一个是石雕,另一个是木雕。所以石雕和木雕不同的原因在于它是用石头做的。

第二类是形式因,即个体凭借某一形式和其他有同样形式的个体归于同一物种,而又区别于其他物种。因此,猫的生理和行为特征和狗的不一样,它们传给后代的这些特征也不一样。

第三类是动因,即促使事物产生的因素。尽管亚里士多德可能也认为创造了一切的上帝并不是人类创造的,但是在他的举例中,人类是作为施力者出现的。例如一个雕刻家可以用石头或木头刻出一个雕像。经院哲学中,动因的概念包括可以给事物带来变化的无生物,例如可以令树叶沙沙抖动的风或侵蚀悬崖的海浪。

第四类是终极因,即事物被创造出来的目的(来自拉丁语 fines,意思是目的)。这个目的可以是人类的目的或神的目的,也可以是更抽象地为实现一个特性而所做的努力。例如,一颗橡子的全部意义在于成为一棵橡树,这一目的决定着它的生长方式。如果你不知道关于它的这一因素,你就无法科学地理解它的特性。

亚里士多德这四类原因的理论并不是出现在17世纪早期的唯一一个理论。除大学体系之外,文艺复兴时期的人文主义运动产生了大量的古典学者,他们要么是独立富有者,要么是受富有者的支持(的确,霍布斯自身有许多文艺复兴时期的学者的特点,因为他受到了德文郡贵族的支持,他的作品中大多数是希腊文学的翻译)。与较为狭窄的大学体系内的亚里士多德派相比,这些学者致力于研究发现更大范围的古代哲学理论和概念。特别是一些哲学家发展柏拉图的哲学,使其更加神秘,并超越了柏拉图的原意。许多人被这种世界观所迷惑。他们相信地球(微观世界)上的事物被天堂(宏观世界)中的事物反映出来并受其控制。占星术是他们信仰的一部分,他们也相信自然物质的力量取决于隐藏的力量。当这些自然物质形成自己的风格,这种力量便会被有智慧的人或"大自然的魔术师"发掘出来。

不用说,霍布斯及其他新哲学的支持者们驳斥新柏拉图派哲学和"大自然的魔术师"的说法,他们认为这是迷信而毫无道理的。至于亚里士多德的四类原因论,霍布斯并没有完全不予理睬,而是将它们重新定义来迎合自己的目的。在《论物体》第9章第4节中,他写道:

> 当一个影响发生时,导致这个影响产生的所有施力者因素被称为动因,所有受力者因素被称为物质因。动因和物质因是我们上文提到的完整因的一部分。由此可见,当只有合适的施力者而缺少合适的受力者时,我们预期的影响便不会发生,同样,有合

第三章 唯物论

适的受力者而没有合适的施力者时，也不会产生影响。

接下来我会讨论霍布斯是如何改变动因的含义的，他不需要物质因的传统概念，因为他根本没有意识到不同物质的存在。由于物体组成部分的结构和运动及其导致的影响不同，同一类物体在不同情况下也会有所差异。相反，他将物体分为施动因素和受动因素，这两者对于影响的产生都是必不可少的。例如，如果一个玻璃球撞击另一个静止的玻璃球（动因），只有当静止的玻璃球可以抵抗得住撞击（物质因）时，它才可以不受其影响。但是这一划分并不能完全适用于所有情况，例如，当两个物体都是运动的状态，就不能用这一划分来解释。

在《论物体》第10章第7节中，霍布斯开始转向形式因和终极因。

除了动因和物质因，形而上学者还提出了另外的两类原因，即本质（形式因）和目的（终极因）。但是，这两类其实都是动因。一个事物的本质被称为这个事物的因，就像理性是人类的因。但是这种说法让人难以理解，因为这就相当于我们说作为一个人是人类的因，这是对语言的滥用。另一方面，对一个事物本质的认识是认识这个事物的因，因为如果我已经知道某个事物是理性的，我就可以以此判定他是人类。但是，如果没有动因，这种方法便行不通。只有和有感觉和意志的事物相联系，终极因才会有意义，我想说在合适的情况下，动因也会有意义。

从霍布斯出发
Starting with Hobbes

霍布斯对形式因的辩护是伪善的,因为他反对亚里士多德的概念,认为其莫名其妙,并且认为将一个事物的本质看作是认识这一事物的动因这一说法是对语言的滥用。他的主要观点是形式因的概念没有意义。

霍布斯认为有感觉和意志的事物才有终极因的想法是有理有据的,因为任何事物都有终极因是一个教条,以前关于自然的解释认为任何事物都有目的:重物落地是因为要找到自己合适的位置,橡子要成长为一棵橡树,自然排斥真空(自然界是没有真空的),等等。尽管否认终极因是近代哲学改革的一个典型特征,有趣的是,在近4个世纪之后,人类如何像在内心深处想要将自然事件看作是人类活动那样,将目的性的语言延伸为科学性的解释,当他说即使是对于芸芸众生来说,终极因其实也是动因时,他的意思是自主行为可以解释为纯粹的动物身体内部机械运动的结果。在下一章,我会继续阐述这一点。

对于什么算是动因,霍布斯和其他近代哲学家有很多限制条件。经院哲学家和文艺复兴时期的人文主义者认为任何事物都可以算作是动因。但是对于霍布斯来说,唯一的动因是一个物体推动另一个物体,这通常被认为是力学原理。力学原理指导着不同形状、尺寸和重量的物体以不同的速度相互作用。霍布斯坚持的力学世界观是自然中只有运动中的物质粒子,所有的事物都可以分解成为物质粒子。在霍布斯的时代,这与其说是现实,不如说是一个愿景。直到17世纪末,在莱布尼茨和牛顿的帮助下,力学才成为一门成熟的科学。

第三章 唯物论

尽管近代哲学家们应该因为他们对自然做出最简单的解释并将其在力学上量化而受到表扬，但是必须指出的是，最开始的尝试过于简单化，特别是缺少对引力这一概念的解释。我们很好理解为什么他们相信斥力是自然的基本力量。例如，假设桌子上有个杯子，你可以很容易地用手将其推开，如果你把手放开，杯子还会继续留在原地，不会跟随你的手移动。如果你想让杯子过来，你必须把手放在杯子后面把杯子移过来。磁铁类的东西似乎很神秘，因为它可以通过表面的力量对铁施加引力（而对其他东西不行）。

他们忽视了自然中有很多其他的引力不能简单地用推来解释。如果杯子上有胶，我也可以将它拉回来。或者，我可以在杯子上绑一根绳子，用绳子将其拉回来。但是没有合理的解释来说明如果只存在斥力而没有吸引力，组成绳子或杯子的物质粒子是如何不顾作用在它们身上的相反的力量而聚集在一起的。

另一个例子是关于让星体沿着一定轨道绕着太阳转的引力。笛卡儿曾试图将其解释为推力，他认为空间中分布着由很小的物质粒子组成的以太粒子，通过旋转，太阳使这些以太粒子形成一个涡流，就像水在流经浴室的塞孔时形成的旋涡那样。这些以太粒子推动着星体旋转，就像一个乒乓球在浴室的水涡中旋转那样。在霍布斯去世几年后，当牛顿将他的万有引力理论用公式展示出来，莱布尼茨等其他哲学家以重提中世纪的"神秘力量"为由对其进行抨击。牛顿辩解道："引力的影响是可以在我们的经验中观察到的。"但是他并不打算对其是什么或是怎样运作的提出假设。

从霍布斯出发
Starting with Hobbes

霍布斯明确表示"所有的拉力都是推力",这也是他的《论物体》第22章第12节中的题目:

> 另一个关于运动类别的区分是推力和拉力的区分。正如我之前定义的,推力是受力者在施力者之前的情况下发生的,相反,拉力是施力者在受力者之前时产生的。但是,如果你仔细想想,你就会明白拉力其实就是推力。设想一个物体的两部分,在运动中,前面的一部分推动它前面的介质,这些介质又推动着后面一部分,然后后面的这一部分又推动着前面的一部分,以此循环往复。在这个运动中,假设不存在真空,这是必要的条件,因为推力是连续的(当物体运动时,介质贴近在物体周围),即施力者在一个最开始是被拉而不是被推的受力者后面。因此之前被拉的部分现在是在前面,当它移动时,它是被推动的而不是被拉动的。

霍布斯的意思大概是当你在一个水或以太的流体介质中拉一个东西时,为避免出现真空,周围的粒子会立刻跑到物体后面,然后物体就会向前移动。虽然这是真的且有这类情况发生,但是霍布斯忽视了只靠拉动物体在介质中移动的力量,物体不能回归原位。而针对这个,还没有合理的解释。对自然的充分解释必须既包括引力又包括斥力。

第三章 唯物论

第十一节 意动

霍布斯认为所有的变化都是运动中的变化,在《论物体》第9章第9节中,他说道:

> 变化只是物体中的部分发生变化的运动。首先,除非一个物体和我们之前感受到的不一样,否则我们不会说它发生了变化;其次,这些改变是人们所能感受到的影响。

并且,他认为影响只能是物体内的运动所产生的影响,换句话说,所有能感知到的事物特征和自然现象都是运动的。

以此,他得出一个更加合理的结论,所有的事物都是处在运动中的,就像他在《十个对话》(*Ten Dialogues*)的第2章中所说:

> 我认为,首先你必须深入地探寻运动的本质,因为虽然各类事物在人脑中的形象或各类自然现象都有所不同,但是它们都有一个共同的动力因,换言之,它们是不同的运动。如果世界上的所有事物都是完全静止的,事物在人脑中的形象就不存在差异,并且生物会失去知觉,几乎趋近于死亡。

从霍布斯出发
Starting with Hobbes

显然,物体并不总是处于从一个地方到另一个地方的运动之中,霍布斯的意思是物体中无法用肉眼看到的小部分是不断振动的,以此形成了我们所感知的事物的特征。当所有这些运动停止时,物质世界将会只是一个毫无个体差异的群体。事实上,对于霍布斯同时代的人来说,事物在本质上是静止的,只有受力于另一个物体时,它才会运动。但是对于霍布斯来说,物体中无法用肉眼看到的部分都是处于不停地运动中的。20世纪的物理学验证了这一说法,根据物理学原理,物体的温度是由分子和围绕原子核旋转的亚原子的运动速度决定的。

这些无法察觉的运动的另一个重要特征是霍布斯的意动理论(即拉丁文中的conatus,霍布斯英语中的endeavour)。对于古代人来说,动物的最显著特征就是能够运动。因此,假设在一个石头旁睡着一条狗,这条狗会在某一时刻醒来并走开,但是这个石头还会待在原地,除非被狗或其他力量挪走。霍布斯急于掩饰运动的物体和静物之间的区别,就像他掩饰人类和其他动物之间的区别那样。此外,他很清楚地意识到自然中有很多现象不是动物造成的,如风、雨、海浪、地震等。如果要对这些现象的本质进行解释,就必须存在某种方式能让这些现象在没有超自然力量干涉的情况下也能够发生。

在现代物理学中,我们可以用力、能、电这些概念来解释静物如何进行运动。在霍布斯的时代,这些概念还没有以科学严谨的方式得到发展。他的意动概念是对静物运动的最原始的解释。正如我们在本书第二章中看到的,霍布斯认为真正的科学一定是演绎的,换句话说,事物所受的影响都是有一定原因的。因此,运动的原因和运动本身的

第三章 唯物论

性质是一样的。另外,当解释不是通用的或在解释中呈现要被解释的事物时,情况就不同了。霍布斯试图用意动,即我们现在所说的"无限微小"运动来解决这一难题,就像他在《论物体》第15章第2节中所说的:

> 我将意动定义为在某种时间或空间中的运动,这种时间或空间比任何已知量都小。换句话说,这个运动是在一个点中。为了更好地解释这个定义,我必须提醒大家,说它是一个点并不意味着它没有量,或者不能被分割,毕竟这是不现实的。更确切地说,它是一个完全可以被忽略的量,可以不被计入论证之中。因此,这个点不是不能分割的,而是未被分割的。同样,一个时刻应该被看作是没有被分割的一段时间,而不是不能分割的一段时间。

这很清楚地解释了无限微小运动的定义及点和时刻都是无限小的而不是不能分割的(霍布斯认为不能分割在物理上是说不通的)。但是将运动的原因看作是一个无限微小运动并不能真正解决一个运动是如何由另一个运动引起的这一问题,况且还是一个小到让人难以察觉的运动。然而,我们在后面将会看到,意动的概念对霍布斯解释人类本质起到很大的作用,并且对数理物理学的发展也是至关重要的。

第十二节 决定论

决定论认为宇宙完全是由因果定律支配的,经过一段时间后,任何一点都只有一种可能的状态。霍布斯致力于决定论一方面是因为他认为科学知识是演绎得来的;另一方面是出于他对原因的定义。在《论物体》第9章第3节中他说:

> 影响发生的原因包括施动者和受动者两个因素。当它们同时存在时,影响就会发生,其中任何一个因素缺失,影响就不会发生。无论是对于施动者还是受动者,当缺少某个因素而导致无法产生影响时,这个因素被称为不可或缺的因素,这是做出假设的必要条件,也是产生影响的先决条件。一个完整因是施动者和受动者因素的集合。假设所有因素都存在,没有随之产生影响是不可能的,而在有一个因素缺失的情况下产生影响是难以置信的。

这其实就是一种决定论。大部分决定论者认为宇宙的演变是偶然的:即使宇宙的历史已经定型且难以再改变,但是我们还可以想象用改变自然法则来让宇宙的发展有所不同。但是在上文中,霍布斯明确否认在有一个完整的原因集的情况下,除实际影响外还可以有任何其他的影响。这是前后矛盾的,因为这似乎意味着我们完全可以想象所

第三章 唯物论

有事物的发生都会有所不同。例如,太阳不再升起或火柴不能点燃一堆干燥的火药。我猜想霍布斯会以区分什么是能被感知的和什么是能被想象的来进行解释。当他在之前的第三节讨论天使时,他说虽然天使是完全不能被感知的,但是我们可以想象出一个有翅膀的小男孩。相似地,我们可以想象出一系列能带来不同影响的原因,但是这些想象可能和我们所感知的现实世界没有什么联系。

说霍布斯是个决定论者的另一个原因是,和他同时代的人一样,他没将逻辑上的可能性或不可能性同自然法则上的区分开来。现在我来明确区分圆方形或已婚的单身汉这些逻辑不通的事件和飞天猪或10米高的巨人这些在逻辑上说得通但是不符合自然法则的事件。一些哲学家甚至认为一些在现实世界中不可能出现的事件在其他空间中是可以在逻辑上说得通的。霍布斯当然瞧不上这些观点,认为其荒谬地将现实看作一群准实体。但是他未能意识到要理解潜在的可能性,就需要明白存在潜在实体的这种观念本身就是矛盾的。在《论物体》第10章第4节中,他将不可能性和可能性定义如下:

> 如果用于产生某一行为的全部力量均不存在,那么这个行为就不可能发生。假定这个力量是某一行为发生的所有条件的集合,如果这一力量永不出现,永远缺失产生行为的某一条件,这个行为将不会发生,或者说,这个行为是不可能的。
>
> 一个可能的行为是指一个并非不可能发生的行为。因此,每一个可能的行为都会在某一时刻发生。因为,如果它永远不会发

生，满足它能够发生的所有条件都不存在，这一行为就是不可能的，这与它是可能行为相矛盾。

因此，永远不会发生的事情是不可能存在的，它要么已在过去发生过，要么会在将来发生。

传统上，过去发生过的，现在正在发生的和将来有可能发生而现在还不为人知的事件已经被人们做了区分。显然，霍布斯认为未来的可能性和过去或现在发生的事件同等重要。他在《论物体》第10章第5节中解释了它们的意义：

> 这里你可能会有疑问，所谓的未来可能性是否是必要的？我的比较全面的回答是可能事件的发生依必然原因而定，这些原因我在之前的章节中讲过，并且可能事件只和它们依存的事件有关。例如明天必然会下雨（由必要原因决定），但是我们认为下雨是个可能事件是因为我们没有看到已经存在的必然原因。当人们无法识别一个事件的必然原因时，人们就将这个事件看作是可能的。人们常常说起过去的事情，当他们说某件事情可能没有发生过时，他们并不知道这件事情是否发生过。
>
> 所以每一个关于未来可能事件（明天会下雨）或不可能事件（明天是晴天）的命题都是必然真或是必然假的。但是，当我们还不能科学地判定一个命题的真假时我们称之为"可能"，即使它的真假不是取决于我们的科学知识，而是取决于之前的必然原因。

第三章 唯物论

鉴于这些情况,霍布斯从语言学的角度对必然和可能的不同进行了解释。事实上,这二者并没有什么不同。但是当我们对一个事件的原因没有足够的认识来判定事件是否会发生时,我们称其为"可能"。正如他在《论物体》第9章第10节中所说的:

> 从原因来看,所有事情的发生都有同样的必然性。因为如果它们没有发生的必要性,它们就不会有原因。否则,当事情没有发生时,这些原因就很莫名其妙。

换句话说,一个没有必然性的事件是没有原因的,并且一个没有原因的事件是不可能的,因为它缺少发生的先决条件。

另一个说霍布斯是个决定论者的原因是他认为宇宙是一个整体的互联系统。中世纪的哲学家认为各个孤立的事件间是链接的。因此,即使世界上的其他地方存在随机事件,这对事件间的一个特定链没有什么影响。但是,如果如霍布斯所说,任何事情都是互联的,那么如果它们之间的联系被破坏,整个系统就会被破坏。如他在《论自由和必然》的第246页中所说:

> 所有原因间的配合不是在一个单一的链接中,而是在无数个链接中。它们不是在每一处都有链接,而是在第一个环节连在一起。因此一个事件的整个原因不是总依赖于一个单一的链接,而

从霍布斯出发
Starting with Hobbes

是同时依赖多个链接。

不可否认,霍布斯并不是一个完全的整体论者,他不像后来的哲学家那样相信任何事物都总是和其他事物互联的。但是他认为一个事件的整体因将所有因果链包括在一起的观点确实是属于整体论。正如我们所知道的,他认为宇宙充满了能够向远处传播光和其他力量的振动的以太粒子。让人惊讶的是,他没有对宇宙的互联性作更多的解释。

最后一个问题,霍布斯坚持宇宙进化只有一种方式,这是否与他在《论物体》第25章第1节中的观点一致。在这一部分,他认为上帝创造世界的方式有很多种,当我们由事件追溯原因时我们无法知道是哪一种。从表面来看,这两种观点并不一致。但是面对这一明显的矛盾,霍布斯可能会说他只是指出了人类的无知。对我们来说,当我们不知道一个事件的原因时,我们可以说这个事件是可能的。当我们不知道上帝创造世界的方式时,我们可以说上帝有很多种不同的方式来创造世界。从神学的角度来看,大概只有一种可能的方式,但是我们人类无法对这种神秘的可能性进行深入地了解。

论人类

第四章

从霍布斯出发
Starting with Hobbes

第一节 引言

前面已经提到了霍布斯从感觉、认知和语言各个方面对人类天性的解读,以及非物质灵魂的缺失。在这一节中,我将会把人类看作是世界上的施动者。

之前关于霍布斯的唯物论的章节几乎全部涉及了他的《哲学原理》三部曲的第一部《论物体》。你可能会认为在这一节中可能会涉及第二部《论人》。事实上,《论人》是最后出版的一部(当时霍布斯70岁)。令人失望的是,这部分很短,而且几乎没有新的内容。不论你怎么看,与《论物体》和《论公民》中详细、激进而富有创意的内容相比,它更多的是对人类的一个比较系统的论述。《论人》的前半部分和他早期的《光学论文集》(*Optical Treatise*)有重复的内容,后半部分是《利维坦》的第一部分《论人》的一个缩影。将这本书的缺点归因于霍布斯的年纪是不妥的,因为在接下来的20年中,他依然陆续出版了大量著作。更确切地说,他没有什么要说的了,但是为了完成三部曲,他就把早期的作品又加以改编成了一本书。但是《利维坦》的第一部分远非是系统的,并且它大部分是对人类情感的解说(这存在争议)和关于人类境况的小短文。

第四章 论人类

第二节 欲望和反感

在《利维坦》第6章中,霍布斯区分了生命的运动和动物的运动,并且他认为后者是由意动引起的(CL 27—28):

> 动物有两种运动,并且这两种运动也是它们独享的。一种是生命运动,其始于概念且一直贯穿生命始终,不受任何影响,例如血液的流淌,脉搏的跳动,营养的吸收,呼吸系统、消化系统和排泄系统的运作,所有这些运动都不需要想象。另一个是动物的或者是自发的运动,例如走路、说话或移动胳膊,这些都要靠大脑思考来完成。正如之前所说的(在第一章和第二章),感觉是感官和身体内部的运动,这些运动是由人们所看到或听到的事物引起的。但是幻想是当感觉停止时,这些运动所产生的影响。走路、说话和其他这类自发运动总是依赖于一些先前的思考,如"去哪里""走哪条路"或者"干什么"。很显然,幻想是所有自发运动的内在开始。有些人可能会否认在一些运动中,运动的物体是无形的,运动距离特别短以至于难以察觉,但这并不意味着这种运动不存在。无论这个运动的距离多短,当运动的物体经过包括这个短距离的更远的距离时,必定会经过这个短距离。这些细微的运动就叫意动。当成为可以呈现的运动,如走路、说话、攻击或其他可以看见的行为之

前,它们就已经在人类身体内部发生了。

在这里需要说明几点:

第一,尽管生命运动和自发运动之间的区分是传统约定的,但是霍布斯很激进地将所有自发运动等同于动物运动。他丝毫不认同可能存在理性的灵魂通过其自身的意志行为来控制身躯。首先想到对这两者进行对比的是笛卡儿,对于他来说,意志是非物质灵魂的两个功能中的一个。即便如此,这样的对比并不如设想的那样鲜明,因为笛卡儿认为人类身躯是机械运动的,可以说,只有当灵魂想要改变身躯的运动时,它才会做出调整。正如笛卡儿在他的《论人》第185页中所说的:

> 但是在我看来,记忆(大脑的自然能力)的最显著的影响是这个没有任何灵魂的机器(人类身躯),凭借它的自然特质,可以模仿所有其他有灵魂的真正的人类或其他相似的机器所做的运动。

第二,需要指出的是,霍布斯的论点比较混乱,他的大概意思是幻想包括大脑或感官中的运动,即使我们没有意识到任何运动,但是实际上幻想本身是个快速的运动。此外,它不像一个物理图像,而更像是电视荧幕中的图像,是不断更新的。由于运动低于感受的阈限,所以它的影响是无限微小的,并且这意味着存在一定的精神事件是我们没有意识到的。

第四章 论人类

第三，意动和霍布斯刚开始用来解释静物运动的概念是一样的。根据他的唯物论，运动的事件和静止的事件之间并没有根本的区别。就像静物可以通过微观世界的意动处于运动之中，人和其他动物也可以。

紧接着霍布斯介绍了欲望和反感的核心概念：

> 当意动直接趋向于它的原因时，它被称为"欲望"，当意动远离某些事情时，它被称为"反感"。

这对霍布斯的理论是很重要的。它只说明幻想是一个让身躯处于运动中的意动，这只是一个开始，但是它没有解释运动的方向。就像本书第二章第七节中所说，当感觉有助于人类的生命运动（带来温暖和营养）时，这种感觉就是快乐的。当它们阻碍生命运动（损害身体组织）时，感觉就是痛苦的。现在他说，当我们感受的物体让人愉悦时，我们有动力趋向它们，当它们让人痛苦时，我们就远离它们。显然，这过于片面而不能很好地解释所有的人类行为。但是这是一个大胆的尝试，为将人类活动看作是纯粹的物理事件提供了理论基础。

第三节　善与恶

按照定义，我们想要的称为"善"，我们反感的称为"恶"。一些事物，比如食物，天生就是人们想要的。但是在大多数情况下，人们各有所好，各有所恶，这取决于他们的性格和经历。即便是同一个人，在不同的时间段，他喜欢的东西也不同。就像霍布斯所说（CL 28）：

> 由于人类的性情是不断变化的，所以不可能一直爱好或反感同样的事物，更不用说每个人都喜欢同一件事物。

他意识到人们对一些事情是漠不关心的，认为他们既不是善的也不是恶的。奇怪的是，在英文版本中，他将这种态度称为"蔑视"，而不是漠不关心。

因此，没有任何事物是完全善的或恶的，这都与个人的欲望和喜好有关（CL 28—29）：

> 人类所喜爱的事物被称为"善"，相似地，任何招致憎恨的事物被称为"恶"，人们并不关心的事物被称为"没有价值的"。词语"善""恶""没有价值"和使用它们的人有着密不可分的关系，因为事物本身不是"善""恶"或"没有价值"的。使用这些词语的标准不是来源于事物的本质，而只是取决于使用他们的人的本质（在自然状态中），取决于代表国家的人（在公民社会中），或是取决于仲裁者或法官。

换句话说，在自然状态中，没有任何权威能够决定事物的对错，词

第四章 论人类

语"善"和"恶"没有客观意义。事物的善恶无关它们本身,只和个人的喜好有关。因此,没有伦理科学或独立于道德的政治司法机关能够强制推行某系列的价值观。一个国家的法则不是由客观的道德观来评判。国家之外就只是个人的喜好。

古代哲学家对于在生活中实现至善有不同的见解。霍布斯反对至善的原因有两个:第一,就像我们所知道的,不同的人所判定的善是不同的,没有单一的善;第二个原因更有趣,如果实现了至善,你就没有要继续追求的了。但是,由于人类只是有着复杂意动的物质,如果你达到了至善,你就不再有意动,就处于死亡状态,就像他在第6章(CL34)中所说:

> 得到我们想要的东西这种永久的成功称为"快乐",我是指目前生活中的快乐。只要我们活着,我们心中就没有永久的安定,因为生命本身是运动着的,比起感觉,人们的生命更离不开欲望、恐惧和其他情感。

在第11章(CL57)中,他说:

> 我们必须要知道,在生活中,快乐不包括内心的安定。古代伦理作家所说的终极因和至善在目前的生活中是不存在的。人们可以失去所有感觉和记忆,但是没有人在失去欲望之后还能够活着。

霍布斯认为"来世"可能接近于古代理想中的安定的概念，但是这所关乎的事情我们一无所知。

第四节　权衡和意志

霍布斯完全反对将人类行为看作是非物质灵魂意志活动的结果。但是他还是要解释人类不只是作为静物对外力做出反应，而且还可以通过自己的能力发起行为。他将此过程归因于他所说的"权衡"。在《利维坦》第6章（CL33）中，他对"权衡"的描述如下：

> 对同一事物的喜好和反感，或希望和害怕在人类大脑中的交替出现就是"权衡"。这时是否去做一件事情的利和弊都相继出现在大脑中。因此，在某一时刻，我们有动力趋向它，但在另外时候，我们反感它；有时候我们希望这件事情发生，有时候我们害怕其发生。权衡是所有这些情感的集合，它一直持续着直到行动被采取或被拒绝。
>
> 当所权衡的被付诸行动或被认为是不可能的时候，权衡就停止了，因为直到那时，我们都有自由根据自己的判断来决定做某件事情或不做某件事情。

第四章 论人类

霍布斯含蓄地区分了我们不经思考对事物做出反应（如面临突然袭击时保护自己）的情况和对我们要做的事情进行推理然后付诸行动的情况。后者相当于其他哲学家所说的我们的行为是非物质灵魂意志活动的结果。但是，对霍布斯来说，喜好和反感之间一直都是纯粹自然地交替着，直到一方或另一方胜出。霍布斯认为权衡与本能的决策相对照，这与柏拉图将权衡定义为"灵魂深处的自我对话"相似（《智者篇》263e）。这相当准确地描述了当我们权衡做某种决定时我们的大脑是如何活动的——我们在大脑中思考着支持某一行为，然后再反对它，如此循环往复，最终我们选择支持或者反对。

霍布斯认为只要我们还能思考，我们就一直有行动或者不行动的自由。这种观点是很虚伪的。当然，一旦我们做出决定并致力于所决定的事物中，我们就不再自由，在这一点上，他无疑是正确的。但是这并不意味着在做出决定之前，我们的意志自由不会面临任何难题。这点我们稍后再说。

在同一章节中，他还有另外两个观点。首先，他说：

> 另一个称之为"权衡"的原因是它终止了我们做某件事情或不做某件事情的自由。

这肯定是霍布斯的一个玩笑。他应该已经知道拉丁文"deliberatio"来自单词"libra"，意思是天秤，因此权衡是衡量一个行

111

为利弊并最终倒向某一边的过程,正如老贝利法院大楼上的正义女神雕塑那样。在这里他想当然地认为"deliberatio"来自否定前缀"de"和"liberatio"——给予自由的结果,因此它的意思是结束自由。

另一个观点是:

> 喜欢和反感之间的切换对人类和其他动物来说是很正常的,低等动物也会权衡。

这一见解是非常公平的。例如,动物会踌躇着面对其他动物时是与其斗争还是逃走,或者面对危险的地方时是前进还是后退。我们可以合理地做出假设,在它们的大脑中存在与我们权衡时的大脑活动相似的非言语活动。霍布斯在说人类和其他动物在这方面是相同的时是非常理性的,因为人们普遍认为和推理能力一样,思考做出什么行为的能力是区分人和动物的一个标志之一。这只是霍布斯贬低人类与动物不同性的又一个例子,以此来否定任何认为只能用拥有非物质的理性的灵魂来解释人类能力的理论。

讨论了权衡,现在我们来讨论霍布斯对意志的定义,他写道(CL33):

> 在权衡中,行为前的最后一个喜好(或厌恶)就是意志,我是说它是意愿的行为而不是意愿的能力。因此我们可以说动物也有意志,因为它们也会权衡。经院学者将意志定义为理性的喜好,

这是不合理的，因为若是如此，就不存在任何违背理性的自发行为，因为自发行为只来自于意志。

经院学者的这一定义的意义在于意志是一种理性灵魂的能力，可以将人类和动物区分开来。这里，霍布斯反对这种定义有以下几种理由：第一，它不是一种能力而是一种行为——我们思考后做出影响我们做或不做某种事情的决定；第二，它是我们和动物共同拥有的，所以不需要任何推理；第三，一个自发行为是否理性并不重要，因为我们有时会自发地做出非理性的事情。

霍布斯对意志的极简的解释是不存在附加因素在我们的喜恶和行为之间进行调和。我们的感觉使我们产生幻象，并且我们对这些幻象的物体的喜恶取决于这些物体是促进还是阻碍我们的行为。有时我们不由自主地行动，在其他情况下，我们先权衡，在喜恶之间进行切换，最后一种喜好或反感，即意志，决定我们做出什么行为。

第五节　自由论和决定论

在霍布斯的主要作品中，自由论和决定论他说得较少。他将他要表达的意思定义为"自发"或自由行为，正如他在《法律原理》第12章第3节中所说：

从霍布斯出发
Starting with Hobbes

自发行为和没有做出行为是始于意志的行为,其他皆为非自发的或两者混合的。自发行为是那些出于喜爱或害怕而做出的行为。非自发行为是那些出于本性的需要而做出的行为,就像当你被推了一下或摔倒时,你所做的对其他人有利或有害的事情。二者混合的行为是指既是自发的又是不自发的,就像一个要入狱的人被拉着往前走时,这是违反他的意志的,但是由于害怕被拖拽,他自发地往前走,在去监狱的途中,他的行为是自发的,但是进监狱是不自发的。再如,一个人在船上遇险,将船上的物品扔掉来保全自身就是一个完全自愿的行为,尽管抉择艰难,但是没有什么不愿意的。但是这实际上不是这个人的行动,是危险促成的行动。这个人做的事情并不违心,就像逃离危险并不违心一样,因为看不到其他出路了。

除了霍布斯对意志的定义,所有这些都是很明确的,也几乎被所有哲学家所接受。问题在于,即使一些行为确实来自意志,但是有些不是。作为最后一个喜好或反感,意志本身不是来自意志,而是来自人们对外界的感知和个人的性情。因此,自发行为源于本性的需要。在《论物体》第25章第13节中,他写道:

人类并不比其他动物更有自由想做某件事或不做某件事。在一个人有一种喜好之前,一定有这种喜好的完整因,然后喜好随

第四章 论人类

之而来。如果自由是指来源于需要的自由，那么它与人类和其他动物的意志是相矛盾的。但是，如果不是意志的自由，而是做我们想做的事情的自由，就同时适用于人类和其他动物。如果它存在，那么在人类和其他动物中都平等的存在。

这里霍布斯的意思是，每一个事件都有一个必要的完整因，如果原因不足，这个事件就不会发生。这对人类行为和宇宙中的其他任何事物都适用。因此，自由不是来自需要的自由，而是指我们做自己想做的事情的自由，即使我们想做的事情是必要的。这仍为自发行为和不自发行为之间有意义地区分留下了空间。例如，一方面，我可能想走出我的房间，这是我的自由；另一方面，房门可能被锁上了，我就没有出去的自由。在第一种情况下，我是自由的，但是在第二种情况下我不是。

在《论人》第 11 章第 2 节中，霍布斯提出那些强调为了让我们的意志自由，我们必须自由地权衡想做的事情的说法的矛盾之处。

因此，从感觉上说，欲望和反感或快乐和痛苦源于所感觉到的真实物体。由此得出，我们的欲望和反感不是我们渴望和避免某种事情的原因——换句话说，我们做某件事情不是因为我们对其有欲望，而是因为意志本身是一个欲望。相似地，我们避免某种事情不是因为反感它，而是因为欲望和反感都是由我们渴望和厌恶的事物产生的，我们从这些事物中得到了之后的快乐和痛苦之感。但是我想要表达的是什么呢？我们饿了时对生活必需品的欲望真的是因为我们想要饿吗？

115

从霍布斯出发
Starting with Hobbes

饥饿、口渴和其他欲望真的可以是自发的吗？当一个人对某事有欲望时，很有可能他的行为是自由的，而欲望不是。这在任何人自己的经验中都是如此明显，以至于我一直惊奇于那么多人没有意识到它可以作为一个案例来研究。当我们说某人有自由选择做或不做某件事情时，我们一定需要理解限制条件"如果他们想"；因为如果说无论他们愿意与否，他们都有自由选择做这件事情或那件事情是很荒谬的。

正如霍布斯所说，这里所讲的论点源于经验。我们不是想要有某种欲望和反感，我们只是拥有它们。人们可能会反对他，认为事实上，我们可以想要有欲望。例如，某个人也许没有想要去戒烟的动机，但是他可能希望自己有这种动机，并且为了获取这种动机，他开始通过阅读禁烟宣传，看一些病变的肺的图片等。霍布斯可能会回应说这个人非常想戒烟，但是他不得不采用迂回策略和必要的因果分析法来将笼统的欲望转换成意志的有效行为。另外，在《法律原理》第12章第5节中，他提出更具哲理的观点来反驳我们可以自发控制我们的欲望：

> 欲望、害怕、希望和其他感情都不是"自发的"，因为它们不是意志的结果，而是意志本身，并且意志不是自发的。你不能说你想去想，也不能说你想去想去想，或如此无限重复"想"——这是很荒谬而没有意义的。

这是霍布斯反对一些人的看法的最强有力的论据，他们强调一个

第四章 论人类

行为要是自由的,它不能是必要原因链中的一部分,而应该是意志的自由行为的结果。如果意志的自由行为是突如其来的,那它就不像源于你自己本性或周围环境那样是你自己的行为。你的意志就必须是之前自由意志的结果,以此无限循环。霍布斯的立场是,你是谁不受你自己的控制,但是你是谁在外部因素的限制下决定了你的命运。

我说过霍布斯在他的主要作品中对自由论和决定论说得很少,但是他的两部作品都是关于他和布拉姆霍尔主教(Bishop Bramhall)对于自由、决定论以及上帝本质的争论。但是没有作家是能做到不被别人说服的,他们在黑暗中擦肩而过。另一个要点是,假定宇宙是全能和全知的上帝创造的,是否有可能我们人类不是必需的。对于霍布斯来说,这不是问题,因为他已经接受了我们是必需的观点。这给布拉姆霍尔主教带来了难题,因为人们很难理解一个知道我们要做的所有事情,而对我们所做的没有任何责任的上帝是如何创造我们的。在霍布斯的回应中,他全面揭示了布拉姆霍尔主教用晦涩的(对霍布斯来说没有意义的)经院哲学术语来解释这一难题。

在《德里的布拉姆霍尔和马姆斯伯里的托马斯·霍布斯关于自由、必要性和偶然性的探讨和争论》第38章的最后,霍布斯详细总结了他关于自由论和决定论的立场:

> 我所强调的是没有人能够依靠现在的力量拥有未来的意志。意志可能随别人或外部世界而变化。当它发生变化时,它不是被它自己的活动改变或指向任何特定对象。如果它是未决定的,那

它就不是意志,因为每个有意志的人都希望某件特定事件发生。权衡是人类和动物共有的,因为它是最后一个交替的欲望,而不是逻辑推理。只有在行动之前的最后一个权衡的行为或欲望才是能被别人觉察的意志,并能做出在公众看来是自愿的行动。自由仅仅是人们可以做他们想做的事情或不做不想做的事情。因此,这个自由是指个体的自由而不是意志的自由。意志不是自由的,它受外部世界运行的支配而变化。所有外因都必要地依赖于第一永恒因——上帝。上帝通过第二因创造我们想要的和我们所做的。由于人类或其他任何东西都不能对自身产生因果影响,所以无论是作为施动者还是上帝的工具,任何人都不可能和上帝合作来形成自己的意志。任何事物的发生都不是偶然的,而是有原因的或是各类充分因的合集。每个选择的原因或原因的合集都源于上帝的意志或行为。因此,尽管我像其他人那样称许多事件为偶然,但是由于它们都有各种各样充分的原因,而这些原因也相应地有之前的原因,所以我称它们为必要偶然。尽管我们没有感受到这些原因是什么样的,甚至大部分偶然事件的原因和那些能感受到原因的事件的原因一样是必要的。若非如此,它们不可能被预知,就像被全知的上帝预知那样。

第四章 论人类

第六节 人类的平等

人类的两个主要特征是智力特征和身体特征。我们先来讨论智力。在霍布斯的时代，人们认为至少从潜力上来说，所有人的智力都是相等的，因为他们都有同质的理性的非物质灵魂，这种看法是很正常的。但是霍布斯不信奉非物质灵魂，因此他不将此作为所有人生而平等的依据。你可能会希望他（像一些现代哲学家那样）说智力的不同源于由遗传基因决定的大脑结构的不同。但是他不走寻常路，认为人们之间的大脑和感觉器官太相似而不能解释智能上的差异。

霍布斯将智力分为两种：天生的和后天的。天生的智力仅仅通过实践和经验来发展并且它包含两个方面，敏捷的想象力或思考的速度和对于指定目标的稳定的集中力。它们在个体中发展的程度取决于性情的不同。后天的智力通过明确的训练而不是经验而发展，但是它发展的程度也同样取决于性情。在这一点上，霍布斯和现代哲学家的立场大致相同，现代哲学家认为智商的不同相对来说没有意义，智力的发展更多地依赖于教养和抱负。在英文版《利维坦》第8章中，他说（CL 40—41）：

> 至于在后天的智力（我是指通过方法和指导获得的智力）中，只有推理能力依赖于对语言的正确使用并产生科学知识……

后天智力的不同取决于人们的性情,性情的不同一部分取决于身体特征的不同,另一部分取决于教养的不同。因为如果取决于大脑构造和感官的不同,无论是内部的还是外部的,人们的视觉、听觉和其他感官将像在想象力和选择上的不同那样有所区别。

智力不同的主要原因,即性情,原则上是指对于权力、财富、知识和名誉或多或少的欲望。

在《利维坦》第13章中,霍布斯又讲了智力的不同,在这里,他对人与人之间的不同进行了轻描淡写(CL 74—75):

> 现在我来讲智能。但是在这里我排除了依赖于话语的技巧,即很少人知道且在极少领域涉及的科学的一般原则,因为它们不是我们与生俱来的,并且不是只通过实践的智慧而不需要刻意努力就能获得的。我认为相对于身体力量,人们在智能上更加平等。因为所有的实践智慧都来自于经验,并且自然赐予每个人实践智慧以与他们付出的时间和脑力相称。那些高估自身的观念让这样的平等看起来非常可疑。因为几乎每个人都相信他们比其他平常人都更加有智慧——即除了一些有名望或和他们观念一致而受到他们尊敬的人,其他任何人都没有他们有智慧。因为人类本性就是如此,虽然我们可能会承认一些人比我们自己更加有口才或有学问,我们也不会接受任何人比我们更有智慧。因为我们每个人都会放大自己的智力,而缩小他人的智力。但是就我们现在的

第四章 论人类

目的来说,每个人都对自己所拥有的很满意,这对于人类智力的平等来说是个强有力的论据。

我认为霍布斯没有认真地看待这最后一个论据。当然,他是正确的,一个人凭自身的智力水平去想象更高智力水平的东西是很困难的。但是仅仅因为没有人抱怨自己缺乏智力来推断每个人的智力都是平等的,这种说法是错误的,甚至是荒谬的。它的前提是错的,因为许多人都意识到其他人比自己有智慧。另外它的推理是无效的,因为即使一些人相信没有人比自己有智慧,这一想法本身就是错的。霍布斯一定是在开玩笑,并且这个玩笑并不是开创先河,在古代,西塞罗已经这样说过,并且也被笛卡儿在没有标出归属的情况下引用在《谈谈方法》的引言中:

在世间万物中,良好的感觉是分配得最为公平的,因为每个人都觉得他们是如此很好地具备这一点,以至于一个事事难缠的人,都会自我感觉良好。

至于身体特征,霍布斯认为即使一些人比其他人更强壮,也更容易受到弱者的攻击。在《利维坦》第13章开头,他写道(CL 74):

自然让人们在身体和心灵上的力量是如此平等以至于即使一些人在力量或智力上高于其他人,当涉及任何事物时,这种不同不会明显到保证一个人有得到这种事物的希望,而其他人没有同等的希望。至于身体的力量,你将很少遇到一些人如此柔弱而不能用诡计或和处于同等危险状态的人勾结来谋杀最强壮的人。

对于平等,霍布斯强调的是,在自然状态下,每个人都面临来自别人的危险。

第七节　自然状态

自然状态是指没有政治权威的状态,在这个状态中,不存在权威,人们没有任何权利,换句话说,每个人对每个事物都有同等的权利。因此,当两个人都想要同一事物的时候,他们就成了敌人。就像霍布斯在《利维坦》第13章中说的(CL75):

> 基于这种自然平等,每个人都有得到他们渴望的东西的希望。因此,无论何时,只要两个人想要同一样东西,并且只有其中一个可以拥有它,他们彼此就成为敌人;并且为了达到他们的目标(自保),他们努力去击败或杀死对方。因此,如果一个人想要攻击他的邻居,单个人的力量是不够的,无论何时,只要一些人拥有更好的土地,并在这片土地上播种庄稼,盖房子,那么其他

第四章 论人类

人就会联合起来并掠走这些,而被掠走的不仅仅是他们的劳动成果,还有他们的生活和自由。而这些掠夺者也同样会遭到比他们自身更强壮的人的侵略。

霍布斯的这些言论缺乏逻辑性,因为他的举例和两个人在力量上没有太大区别的事实无关。如果两个人争斗,那么力量和智力上的区别将会决定谁赢谁输。但是,如果一群人攻击一个人,这个人的强弱几乎没有意义。但是这并不影响霍布斯的主要观点,即没有中央集权,每个人都会害怕其他人,并且如果所有成果都会被窃走,那么人们将不会努力去经营一个更好的生活。正如他在同一章节中说的,自然状态就是不断的战争(CL 76):

因此,从人类本质来讲,造成冲突的基本原因有三个:竞争、防御和自负。第一个目的在于获得财产;第二个在于保护自己;第三个在于赢得尊重……

很明显,只要不存在强制权威,人类社会就是我所说的每个人和其他人的战争。因为战争的本质不在真正的战斗中,而存在于在一个时期,人们所认同的以斗争解决问题的意志之中。

这对之后霍布斯对绝对权威的争论是很重要的,他认为没有什么比战争更糟糕的了。尽管绝对的独裁统治很可怕,但是完全的无政府状态更加糟糕。因此,他描绘了自然状态可能的最悲观的图景(CL 76):

从霍布斯出发
Starting with Hobbes

当人们只能以力量和智力来获得安全,而没有其他安全保障时,人与人之间的战争所产生的所有结果都作用于人类自身。在这样的情况下,人们得不到任何利益,就不会努力工作,就没有田间劳作,没有航海活动,没有舒服的建筑物,没有需要超人类力量的搬运机器,没有地理发现,没有计时的方法,没有艺术,也没有社会。然而,最严重的是人们时时刻刻都提心吊胆,处于暴力死亡的危险之中,人们的生命是孤独、卑微、残忍又短暂的。

最后一句话是在霍布斯的声明中引证最多的,在英文版《利维坦》中是"人类的生命是孤独、卑微、令人作呕、残忍又短暂的"。可能他不知道如何把"nasty"译成拉丁文。这句话被很多人误解,并且人们认为霍布斯对社会的看法只是像他描述的自然状态那样。但是这完全颠倒了霍布斯的看法,因为从文中引用的他的话中可以很明显地看出来,他用自然状态的可怕作为他支持打造一个单一的完全权威的状态的基本论据。霍布斯并不认为生命是孤独、卑微、残忍而短暂的,因为他的全部目的是科学地解释为什么生活不是这样的。

霍布斯的意思好像是说,存在一个历史时期,在任何地方都没有政治权威,然后民族和国家在随后的不同时代陆续产生。但是他的关于曾存在一个自然状态的论据是十分没有必要的:人们足以想象没有权威将会是什么样的或者会思考像美国内战时期那样,政权部分瓦解将会发生什么。因为在英文版《利维坦》第13章中,霍布斯写道(**CL**77):

第四章 论人类

人们可能会想不存在某个时期有这样的战争状态。我相信这从未在整个世界中普遍存在过。但是现在在许多地方，人们确实这样生活着。因为在美国的许多地方，野蛮人并没有政府（除了那些小团体的政府，对他们来说，和平只取决于他们有共同的欲望），并且他们现在的生活方式是野蛮的，就像我在前面所说的。无论如何，你都可以看到在没有一个让人敬畏的共同权威的地方，人们的生活是怎样的，以这样的方式生活，那些以前在安定的政府领导下的人们通常会在内战中堕落。

霍布斯对美洲原住民和一般原始人的生活质量过度悲观。但是这并不会让人对他的论点产生误解，因为在任何发展阶段，都会有足够的中央集权来防止自然状态的过度扩张。即使是在英国内战中，政权和个人安全也只是部分瓦解，这既没证实也没反驳如果政权全部瓦解将会发生什么。

第八节　自然法则

那么我们如何避免自然状态？两个重要的因素是（尽管不是唯一的）对和平的渴望和人们理性地熟知的一些原则，霍布斯称为自然法

从霍布斯出发
Starting with Hobbes

则。在《利维坦》第 13 章最后,他说(CL 78):

> 将人类引导向和平的情感是恐惧(特别是对暴力死亡的恐惧),对美好生活所必需的事物的渴望和通过努力得到它们的希望。理性蕴含着一些原则,即自然法则。

自然法的概念或被人们理性地熟知的基本道德原则是在霍布斯的时代司空见惯的事。但是它出现在霍布斯的哲学中很奇怪,因为他已经说过,在自然状态中,一个事物的善恶与人们对其的欲望或反感有关,而和客观的理性无关。其他哲学家认为自然法是上帝规定的,并且是上帝将这些法则输入到我们灵魂中的天赋观念中。这一解释对霍布斯来说不适用,因为他反对灵魂和天赋观念。这点可以从第 15 章的最后一段看出来(CL 100):

> 称这些理性的规定为法则是不正确的,因为它们只是关于利于人们维持生活的事物的原则。严格来讲,法则是统治者颁布的法令。

在英文版本中,他说如果这些理性的规定是由上帝决定的,它们可以称为法则。但是这是虚伪的,因为霍布斯认为只有《圣经》才是上帝的语言,并且他的自然法则并不在《圣经》中。有一定意义的词语是"原理",这是一个几何术语。在几何中,原理来自更加基本的公

第四章 论人类

理，但是在这里霍布斯好像说的是公理而不是原理。我们已经知道霍布斯相信自己是新政治科学的创建者，并且这将像欧几里得的几何学那样通过先验公理的逻辑推论得以发展。为了使这得以实现，他需要一些公理，并且这些公理由他的自然法则提供。但是，纵观霍布斯的哲学思想，他的经验主义和理性主义之间的坚持是有矛盾的，他作为经验主义者，认为我们所有的知识都来自我们的感官体验，而作为理性主义者，他又认为必要的真理可以被人们熟知，即使它们在根本上取决于我们任意实行的一些术语的定义。

霍布斯区分了自然法则和自然权利。他认为只存在一种自然权利，霍布斯在《利维坦》第14章的开始对此做了如下描述（CL 79）：

> 自然权利是指每个人都有自由使用他们的力量来保全他们的天性，并最终有权利做任何事情来改善它。

在自然状态中，这种权利让人们的自私行为变得合理，并且正如我们看到的，它会一直存在直到被摒弃。也是这个权利产生了自然的第一条法则（CL 80）：

> 人类状态就是任何人反对任何人的战争状态，每个人都以自己的理性为指导，由于任何事物都可以在某一时刻用来保护人们的生活不受敌人的侵害，因此在自然状态，每个人对一切事物都有权利，甚至是其他人的身躯。只要这种权利存在，没有人是安

全的，即使这个人很强壮。因此就出现一个规则，只要有获得和平的希望，每个人都应当力求和平；在不能得到和平时，他就可以寻求并利用战争的一切有利条件。

换句话说，霍布斯将追求和平作为基本的公理，因为很明显，在一个安全的环境生活比一直处于担惊受怕中要好很多。但是，如果没有这种希望，在自然状态中，我们有无限权利来保护自己。然后他直奔第二个自然法则（CL 80）：

> 一个人为了和平与自卫，会自愿放弃对一切事物的权利，并满足于、等同于自己让他人所具有的自由权利，前提是别人也愿意这样做。只要每个人拥有做他们想做的事情的自由，战争就一直存在。但是，如果别人拒绝放弃他们的权利，那么没人有义务放弃自己的权利。因为那将意味着他们使自己成为其他人的猎物而不意味着追求和平。

这些政治科学的重要公理受到种种条件的限制。只有当机会成熟，我们才能追求和平。为了和平，只有当其他人也愿意这样做的情况下，我们才能放弃自己的权利。这是因为理性真理在本质上是假设的：如果所有的前提成立，那么就可以得出结论。但是，如果前提不成立，我们就回到自然状态，并且自然法则也无效。我们缺少的是一个中央集权来强制推行和平，这将是下一章的话题。

第四章　论人类

与此同时，霍布斯用整个第 15—19 章来论述自然的各个法则，这些法则共同构成了一个先验的道德体系。说霍布斯创造了一个先验的道德体系可能让人费解，假定在自然状态中，"善"只是指人们想要的东西，在公民社会中，它是指被君主所授予的任何东西，这似乎都和道德无关。但是这误解了霍布斯的目的。如上所说，霍布斯将他自己看成是政治科学的创建者，这类科学的公理是用来保护被前两个自然法则所禁止的和平的确切规则。因此，在第 15 章的最后，霍布斯总结了这些法则的基本原理（CL 100）：

> 只要个人是善恶的评判标准，每个人就处于任何人反对任何人的战争之中。因此，每个人都认同和平是美好的，并且都追寻和平。你无法否认保护和平的方法是好的，这些方法就是上面所提到的正义、感恩、谦逊、公平和其他自然法则。它们是美德，其对立面是邪恶。但是美德和邪恶的科学是道德哲学，因此自然法则的信条是真正的道德。

因此，真正的道德是保护和平所必需的道德科学。这并不是说每个人都是有道德的，甚至于所有的道德都将被列入任何状态的公民法则中。但是一个社会越符合自然法则，和平就越有可能受到保护。

社会

第五章

从霍布斯出发
Starting with Hobbes

第一节 社会科学

在《论物体》的献词中,霍布斯列举了在探索真正的科学的道路上各个知识领域的先驱们。古希腊人建立了几何学;尼古拉·哥白尼建立了天文学;伽利略·伽利雷建立了力学以及威廉·哈维建立了医药学。然后霍布斯骄傲地将自己列为政治学的建立者:

> 政治哲学是一个更加新奇的领域,因为它没有我自己的书《论公民》成熟(我不得不说这些,这样我的诽谤者们就知道他们有多一事无成了)。

正如我们在本书第二章第十一节中所看到的,霍布斯认为只有当我们自己创造了事物时,我们才能真正地拥有科学知识:我们知道它们的原因,因为是我们自己创造了它们。结果(在现在看来可能是矛盾的)是能称得上真正科学的是几何学,因为我们创造了几何图形;工程学,因为我们发明了机器;政治学,因为公民社会是人工制品。物理学或者我们通常所说的"科学"对于霍布斯来说不是真正的科学,因为我们不知道上帝是如何创造自然万物的。因此,按照霍布斯自己的标准,即使我们并不认同他在这方面是非常成功的,我们也可以接

第五章 社会

受他是第一个强调政治学和几何学一样是一门科学的政治哲学家。然而,他要做政治学说的主要创新者的主张比他的历史地位更充分地证明了他是正确的。

霍布斯可以简单地说,自然状态向公民社会的演变很明显是由认为公民社会比自然状态更好的人们的行为引起的。但是在《利维坦》引言的第一段,他对上帝创造人类和人类创造公民社会做了详尽的类比。这是为了强调创造国家的人类行为和创造人类的神圣活动是平等的;由于国家是人类活动的产物,所以我们对它的运作有科学的认识。甚至,我们可以把国家看作是人类的仿制品,这样我们就能深入了解它的运作模式。全文值得被引用(CL3—4):

> 人类的艺术可以仿造自然(即由上帝创造的并引领世界的神圣艺术),甚至可以创造人工动物。生命只是四肢的运动,其在身体的主要部分有内部动力。那么什么能够不让我们认为所有的机器人(所有通过内部装置的发条和轮子来运动的机器,就像钟表)内部也有一个人工生命?除了发条还有什么内核?除了绳子还有什么支撑?除了这些设计出的将运动传递给整个身体的轮子还有其他什么连接点?人类艺术并不仅仅仿造动物,也包括所有的高级动物,即人类。号称"国家"的这个庞然大物,利维坦,是艺术的产物,是人造人;它比为了自己的安全而创造它的自然人更庞大,更有力量。在这个人造人中,主权为灵魂,将生命和运动注入整个身躯;官吏为人造的四肢;赏罚为神经,是最高权力的

特权。每个成员通过这种驱使来各司其职,其功能和在自然人中一样;财富为体力;引起最高权力者对需求的注意的谏言者为记忆;公平和法律为人造的理性;民和为健康;民乱为疾病;内战为死亡。最终,将这个政治实体的各个部分连接在一起的契约仿造了神圣言辞"顺其自然"或者上帝刚创造世界时说的"要有人类"。

这篇文章中的几个特点值得来谈论一下。首先,霍布斯一如既往地强调人类只是受发条和轮子驱动的物理机器,就像钟表一样(现在的霍布斯主义者可能会将此和现代科技——电脑做类比)。假设不存在神奇的"生命的火花",原则上除了无穷的复杂性之外就不会有理性,为什么我们不能创造一个活的人体?尽管在实际中,我们不能创造一个活的人体,但是我们可以创造一个有人工生命的机器人。当他使用词语"机器人"时,他并不是拿机器人和生物体做比较,而是指任何事物都可以独立行动,无论它是由我们创造的还是在自然中产生的。相似地,当他用词语"人工"时,他并不是说人工的生命是假的,就像我们说机器人没有生命那样,而是指机器人是真正活着的,他所说的相对于神圣艺术的"人类艺术"已经赋予了它生命。因此,国家(他也称为"人类艺术"或"共和国")是一个人造的生物体。对国家和人类的对比并不是由霍布斯开始的,自古希腊以来,这就是一个重复的主题。霍布斯的独创性在于他一直强调国家是人工制品,并且总结出我们对国家有科学的认知是因为我们自己创造了它。

第五章 社会

第二个要点是契约的订立创造了国家。霍布斯将此和上帝创造人类时所说的话的力量做了对比。在《创世记》第1章,上帝创造世界的大部分行为都是直接由他说的话体现的,因此他的话就是创造世界的行为本身。例如"上帝说,要有光;然后就有了光"。在创造人类时并没有这么直接,如"上帝说,我们要照着我们的形象,按照我们的样式造人……然后上帝照他的样子创造了人……"

但是,霍布斯已经认识到语言的关键之处,即语言的功能并不局限于思想的记录和交流,语言还可以改变世界,这一点直到20世纪才被人们注意到。现在我们来用约翰·奥斯丁的术语来讨论"施为话语",他举了个例子,在婚礼仪式上,"我宣布你们结为夫妻"意味着建立了一种婚姻关系。相似地,霍布斯认为达成契约时所用的话语产生了一个之前不存在的事件的状态。在一些情况下,一个契约可以创造一个有自己的生命的新的制度,例如一个公民国家。

第三个要点是霍布斯奇怪地称国家为"利维坦"。在引用的文章中,他清楚地说明国家类似于一个超人,主权是他的灵魂。正如我们看到的,这个类比已经被延伸,因为他随后指出主权可以是一个集体,例如议会,而不仅仅是一个国王或王后;并且我们已经知道霍布斯不相信灵魂。然而,霍布斯的中心观点是政治实体是一个完全受单一权威控制的生物体。第一版的标题页详细解释了这一立场,并描述了国王用他的包括大多数公民在内的集体来统治英国的城市和乡村。

但是为什么是利维坦?《圣经》中多次提到海怪利维坦和陆怪比蒙(Behemoth),特别是《约伯记》第40章和第41章对此做了详细的描述。霍布斯用这两者作为他的作品的题目,其中比蒙作为他关于内战历史的对话的题目。用比蒙来命名关于内战的书似乎是合理的,但是国家是抵制战争的壁垒,用利维坦来命名关于国家的书就不那么合理了。事实上,《约伯记》中对于利维坦的描述并不是在暗示它是邪恶的,只是在形容它的力量。其传达的信息是我们应该敬畏利维坦,而不应该憎恶它。标题页引用了《圣经》的拉丁文"武加大译本"中的《约伯记》第41章第24节和"钦定版"的第41章第33节:"在地上没有像它造的那样,无所惧怕。"霍布斯关于君主和国民的关系问题的言论,例如二者之间不可能达成契约,早在《圣经》其他的章节中被谈论到。霍布斯这样的原教旨基督徒将《圣经》的权威看作是人类理性获知真相的唯一合理的途径,对于他们来说,《约伯记》第41章是一个很好的选择。

第二节　社会契约的创立

霍布斯的社会契约论不是凭空而来的。历史上的哲学家们最早可以追溯到柏拉图。但是霍布斯最先创立了完全系统的社会契约论。

我们已经知道公民社会的利维坦是契约的产物,没有中央集权,就没有人有义务来遵守自然的法则。所以我们现在有必要来谈谈这个原始的契约的特征。霍布斯在《利维坦》第17章(**CL 109**)中对其作

第五章 社会

了如下描述:

> 如果要建立这样一种能抵御外来侵略和制止相互侵害的共同权力,以便保障大家能通过自己的辛苦和土地的丰产生活得很好,只有一种途径,即把大家的所有权力和力量都付诸一个人或一个可以把大家的意志转化成一个意志的集体。换句话说,指定一个人或集体来代表他们的人格,每个人都接受授权给承担此人格的人做出任何行为,使自己的意志服从于他的意志,自己的判断服从于他的判断。这不只是同意或协议,还是全体真正统一于一个人格中,这一人格是大家相互订立契约而形成的。就好像人人都向其他人说:"我放弃我的权威和管理自己的权利,并将其授予这个人或这一集体,但条件是,你也把你自己的权利授予他。"做到这一点,像这样统一在一个人格中的一群人就成为国家或联邦。

这里有几个要点。首先,霍布斯所说的"人"是指法律意义上的人,既包括人类,也包括任何有权合法拥有财产和订立契约的团体等。国家当然是指这个意义上的人。然而,正如我们在标题页的图示中所看到的,霍布斯也可能将这个人看作是普通意义上的人,因为这个图画将国家描绘成一个君主的身体,这个身体由所有的公民组成。这与将君主等同于国王的那个时代的实际相符。因此,莎士比亚通常称国王为"英格兰",据说法国的路易十四因自称"我就是国家"而声名狼藉。

从霍布斯出发
Starting with Hobbes

其次,在霍布斯的论述中,国家就像是一个通过社会契约产生的真实存在的生物体。但是他这样说的本意是什么呢?显然,他不是指一个新的物质产生了。但是鉴于霍布斯的唯物论认为世界上只存在物质,那么国家的真实性是一个问题。针对这一问题,有两种可能的解释。一种是国家确实是一个包含全体公民在内的物质。社会契约改变了它的特征,使它从一个所有处于战争中的人们的集合变成一个大于其部分之和的、有组织的合作的整体。在这个过程中没有新的物质实体产生,但是本来存在的事物有了真正的不同。另一种解释是霍布斯已经意识到我们可以真实地描述一些不是物质实体本身,而是寄存在物质上的事物。在他对语言的描述中,他区分了"第一用途的指称"和"第二用途的指称",前者指对物质实体及其特征的命名;后者指对名称的命名。举个例子,名词和动词都是语言学上的概念,是真实存在,尽管它们区别于那些实体的纸上符号或空气中的音频。同样,我们可以说尽管国家不是物质实体,但它由人类的信仰和行为产生并作为一项制度而一直存在。就像一旦被分解,物质实体就遭到破坏那样,当一个国家(和其他人类制度)的信仰、契约和习俗被瓦解,这个国家就遭到破坏,比如发生内战。

再次,霍布斯强调公民成为一个单一的人是为了说明每个人都是那个人的行为的发起者。霍布斯用这个"发起者"的意思是说人们在这个行为中交出了自己的权威。然后,他得出结论,任何一位公民对他们君主的任何行为表现出不认同都是可笑的,因为他们自己是这些行为的发起者,因此,反对这些行为就是违反了自己的信约。然而,这

第五章 社会

个论点是无效的。从某种程度来看,我们说如果公民们自愿赋予君主代表他们做决定的权利,那么无论喜欢与否,他们都不得不接受做出的决定是完全合理的。但是,如果说公民反对这些决定就是违反了自己的信约就不同了。此外,霍布斯认为人们可能会不喜欢君主颁布的一些法令,但是他们应该想一下自然状态会更糟,并以此来安慰自己。

最后一个要点是,人们是在互相反对,而不是在反对君主。这是建立君主的绝对统治途径的一个重要特征。如果人们和君主之间存在一个契约,当君主没有遵守这个契约,人们就有反抗的权利,结果将会是内战并重回自然状态。相似地,契约是一个一次性的事件。一旦人们宣布放弃他们的权利,他们便不能再协商一个新的契约,因为这不再受他们的控制,他们至多能够重新商定已经卖出去的财产的价格。正如他在《利维坦》第18章中所说的(CL 110—111):

> 这样说来,一个国家的公民在没得到君主允许的情况下不能信奉新的社会契约,因为这个新契约会迫使他们将其主权转给别人,或在任何事务方面服从于其他人。因此,君主制的公民在没得到君主或其他公民允许的情况下,不得抛弃君主政体或回到自然状态。

从霍布斯出发
Starting with Hobbes

第三节 社会契约在历史上存在过吗？

霍布斯像是在说在某个历史时期，人们集聚一起，订立契约，抛却自然状态并建立一个公民社会。但是正如我们已经看到的，他怀疑是否真正存在一个纯粹的自然状态，在这种情况下，值得怀疑的是自然状态的人们是否曾集聚一起来建立一个民主的公民社会。也许最贴切的例子就是美国宪法的颁布，这虽然发生在霍布斯之后的时代，但是却深受他的社会契约论的影响，这得益于随后约翰·洛克对其社会契约论的发展。大多数情况下，宪法随着时间的流逝不受任何正式的社会契约的影响。

另一个问题是，即使人们曾经签署过社会契约，现在也没有人这样做。因此，很难理解我们是如何受与世长辞的先人们所订立的契约的约束的。最好的说辞可能是社会契约让我们签字放弃了我们的权利，我们既不能再次拥有它们，也不能要回被我们的祖先廉价出售的财产。但是权利的唯一不足是其没有解释为什么像霍布斯强调的那样，人们应该是君主行为的发起者。

除了将契约看成是一个历史事件，我们还可以将其看成是一个默认契约，我们每个人通过停留在公民社会并享受它的益处而形成了这个契约。这和苏格拉底在《克里多篇》(Crito)中的论点相似，他提到不要越狱，以免被处死。他说通过待在雅典而不移居别处，他制约着自己遵守它的法律；并且如果他被判处死刑，他只能接受（然而，有趣的

第五章 社会

是,霍布斯可能会用这个例子来说明一个人并不受契约的约束,因为契约的核心在于它是人们生命的保障)。

基于这一解释,我们默认地放弃本该在自然状态中拥有的权利,来交换公民社会给予我们的安全。对于伤害我们的人,我们不是施以报复(如果我们可以),而是交给警察和法律来处理;我们的财产受到法律的保护,而不是通过搏斗来获得或保存值得拥有的事物;国家的军队会保护我们的安全,使我们不会受到外来入侵者的奸淫掳掠;道路和公共建筑等都由国家通过征税提供,而不用担心因为缺乏这类集体产品而无法生活。如果一切进行顺利,我们在国家的保护下将会比在自然状态中过得更好。

截至目前,我们已经总结出每个人都认同社会契约。但是有一个明显的历史事实,在自然状态中有些人活得很好。即便是在今天,也存在一些没有有效的中央集权失败的国家,在那里有少量的部落首领、强盗、贵族、歹徒和海盗对当地人施加影响;他们犯下严重的罪行而不会受到任何惩罚,牺牲普通人的利益来扩充自己的财富。这些人不仅不会支持社会契约,他们还会想方设法来破坏任何由契约建立起来的中央集权。

随后霍布斯意识到不是每个人都认同契约,他在英文版的《利维坦》第18章中强调了这一点(**CL 112**):

> 由于大多数人在彼此同意的前提下宣布了一个主权者,原先持异议的人这时需要同意其余人的意见;也就是说,他们必须心

甘情愿地支持这个主权者的所有行为,否则其他人就有正当的理由杀掉他们。因为如果他们自愿加入这一群体,这就充分说明了他们的意愿,也就是以默认的方式约定要遵守大多数人所规定的事情。这样说来,如果他们拒绝遵守或反对任何规定,便是违反了自己的信约,这是不义的。不论他们是不是属于这一群体,也不论是不是征求了他们的同意,他们都必须服从其他人的决定,否则就会被抛弃在原先所处的战争状态中,在这种状态中,任何人都可以杀死他们,而不会被认为是不义的。

在这一章中,霍布斯的论点有一些不足。首先,尽管简单的多数人同意的决定足够具有约束力是个大家共同接受的民主原则,但它并不是普遍的。在许多制度中,在宪法问题上必须获得绝大多数人的同意,其他一些,如联合国安全理事会,必须要求全体一致。霍布斯没能给出一个论点来支持这个简单的多数人,也没有解决如果只有极少数人支持君主制国家,它是否还是可行的这个问题。

其次,当一个公民社会建立时,即使持异议者们内心不赞同,但他们还是接受了大多数人的决定,这似乎是一个心照不宣的规约(就像内阁集体负责制的概念一样)。但是这些异议者们仍然处于自然状态,在社会契约建立之前,他们没有任何义务。如果他们没能接受大多数人的决定,他们也没有违反自己的信约,因为他们没有参与进来。

最后,就像认为社会契约不是一个历史事件一样,可能有一些人没有加入这个群体的论述违背了我对霍布斯颇留情面的解读。如果一个事件确实发生了，人们可能只是没能参与到这个事件中。但是那些非参与者可以解释为他们对社会以及他们与社会的关系是如此的不在意，以至于他们对于自身对社会的贡献以及社会的回馈都毫无概念。不幸的是，存在很多这样的人，并且霍布斯想要传达的主要信息是他们实际上就是歹徒，对于他们来说，任何人都可以做他们喜欢的事情。然而，这并不代表霍布斯所信仰的现实世界，因为公民社会中的普通人民不能仅仅因为不接受社会契约而去杀人。实际上，霍布斯的立场是一旦主权者掌权，不论人们是否赞同社会契约，他都有权力来胁迫人们。

第四节　按约建立的国家和以力取得的国家

在《利维坦》第17章的最后，霍布斯明确表示一个主权者可以通过强迫或社会契约来获得统治他人的权力（CL 109—110）：

> 取得这种主权的方式有两种：一种方式是通过强迫获得，例如一个父亲使其孩子们服从他的统治，如果孩子拒绝的话，父亲就可以通过不给他们食物来剥夺他们的生命；再如通过战争使敌人服从自己的意志，并以此为条件赦免他们的生命。另一种方式则是人们相互达成协议，自愿地服从于一个人或一个集体，并相

从霍布斯出发
Starting with Hobbes

信自己可以受到保护。后者可以称为按约建立的国家,前者则称为以力取得的国家。

社会契约论完美地让绝对权力的概念更能让人接受。人们应该倾向于在绝对主权的统治下生活,因为这样的生活要比在分裂的权威或没有任何权威统治下的生活要好。但是霍布斯意识到主权可以通过武力而不是契约来获得,这种认知使他的理论不那么有说服力。我们已经知道契约的订立不能被确切地理解为一个真实的历史事件。但是,如果所有的主权者都通过自然之力而不是民主地通过大多数公民的支持来获得力量,那将会是什么样的?这貌似是有理的,因为就算有民主,那它也是来自更加独裁的政权。例如最纯粹的民主形式,雅典民主,曾经在很长的暴君统治历史之后作为先进文明兴旺一时。历史告诉我们,民主是人们与独裁统治者经过长期斗争后的最高奖赏,而不是自然状态中的自然境况,而且民主中的大多数人都自愿把自己的权威交付于一个绝对统治者。

如果现实中的国家都是以力取得的而不是依约建立的,这就意味着霍布斯的社会契约论只是虚构的,是为了证明我们默许了接受绝对权威的统治。霍布斯的主要观点一如既往是一个单一的,绝对权威优于一个分散的权威或没有任何权威的状态,他的社会契约论表明了他的这一深刻见解。但是,社会契约在以前就已经产生了,如果它从未存在过也没有关系,因为人们依然会意识到生活在一个公民社会的好处。

第五章 社会

还有一个支持实际权利比社会契约更有意义的论点,那就是霍布斯认为如果主权者失去保护其公民不受战争侵害的权利,那么契约就是无效的,公民也就不再有任何义务。就像他在《利维坦》第21章中所说的(CL 144):

> 我们应该这样理解,公民对于主权者的义务只存在于主权者拥有保护他们的权利的时期。因为在没有其他人能保护自己时,人们的天赋自卫权利是不能根据契约放弃的。主权是国家的灵魂,灵魂一旦与身躯脱离后,肢体就不再从灵魂方面接受任何行动了。

在政治上,这一让步对于霍布斯来说是十分重要的,因为这让他接受了克伦威尔的保护国的权威,尽管他相信英国内战和查理一世的被处死是非正义的。

在《利维坦》第20章开篇,霍布斯提道,在契约的约束下建立起来的国家,与依靠武力征服建立起来的国家之间唯一的区别是接受约束的原因不同。前者是出于人们彼此间的敬畏;后者则是出于人们对征服者的敬畏(CL 127):

> 如果该国的主权是靠武力获得的,我把它称为"以力获得的国家"。因而,出于对死亡或牢狱之灾的畏惧,每个人都不得不将征服者的规定作为自身的行为准则。

"以力获得"的国家与"按约建立"的国家的不同之处仅仅是人们接受约束的原因不同。在"以力获得"的国家中,接受约束是因为害怕一个人;而在"按约建立"的国家中,接受约束是出于人们害怕彼此。然而,不管是哪种情况,人们都是由于恐惧而对自己的行为做出规范。

在这两种类型的国家中,主权都是相同的。不同的只是形成的方式是通过武力获得,还是通过契约形成,这是一个历史问题。而社会契约并不是霍布斯政治哲学所关注的。

第五节 君主制、贵族制、民主制

通常,正如我们所看到的,霍布斯在谈论是由君主还是由议会掌握主权这个问题时非常谨慎。根据组成议会的公民数量的不同可能形成三种政体:君主制、贵族制和民主制。正如他在《利维坦》第19章(CL 118)开头所提到的:

> 不同类型的国家间的差别,在于拥有绝对权力的主权者的不同。绝对权力要么掌控在一个人手中,要么掌控在多于一个人的议会手中;如果是掌控在议会手中,权力必须是要么属于每个人

第五章 社会

（这样的话每个人都有权利参与到议会中去），要么属于有别于其他人的特定的人。如此一来，国家只能有三种类型：第一种是君主制国家，君主一人掌握绝对权力。第二种是民主制国家，议会掌握绝对权力，议员有资格参加议会。第三种是贵族制国家，顾名思义，由部分议员即贵族们掌握绝对权力。

虽然霍布斯是保王党，但是出于政治需要，他提出主权可以通过武力获得，也可以由议会掌握的观点。《利维坦》是在查理一世被送上断头台，政府被议会控制，克伦威尔的表现越来越像君主的情况下出版的。然而，霍布斯可能更倾向于认为政权的更迭是非法的。事实上，议会掌握了最高权力，也只有它有能力保护公民的生命和捍卫公民的幸福。当然，是保护和捍卫那些在它统治范围内的公民的生命和幸福。这就意味着，在内战时期，霍布斯的政治学说可能会被内战双方所接受。

在第19章，霍布斯就君主制的利弊做了一番探讨，以此作为反对议会掌权的依据。霍布斯考虑到的第一点是君主制国家的繁荣昌盛源于人们的生活富足。然而，在民主制或贵族制国家中，人们更倾向于通过贪污腐败或者内战的方式来发家致富（CL 120）：

> 公共利益与个人利益密不可分时，公共利益最大化。在君主制国家里，公共利益就是个人利益。君主的财富、权力和荣誉只能取决于他的臣民的财富、权力和荣誉。如果臣民贫穷、虚弱或

从霍布斯出发
Starting with Hobbes

悲惨,那么这个君主便不可能富有、强大或安全。然而在民主制或贵族制国家中,对于一些见利忘义、贪得无厌或野心勃勃的人而言,能从公共利益的扩大中获得的个人利益往往远不如从一个虚伪的建议、无情的背叛或残酷的内战中所获得的个人利益。

从现代视角来看霍布斯的观点,我们似乎会感到有些奇怪。因为我们倾向于认为,在一个君主制的国家,君主的富裕并不等同于臣民的富裕。然而,在霍布斯生活的那个时代,两者却很难划清界限。因而,在那个时代,"臣民越富裕,君主就越富裕"这样的观点在一定程度上确实可能被大众所接受。因此,我们就不难理解为什么霍布斯会对民主制下一些政治家持有愤世嫉俗的态度。然而,在历史上这样的例子层出不穷:在君主制下,君主过着纸醉金迷的日子,而他的臣民却食不果腹。而在民主制下,尽管普遍存在贪污腐败的现象,但相比起在君主制下,人民的生活水平还是较高。

霍布斯的第二点思考是只要君主愿意,他可以听取任何人的建议,比如熟知他想了解的领域的人的建议,并且直至行动前,整个过程的保密程度都比较高。但是,由于议会是由一定数量的人组成的,所以它几乎不太可能保守秘密。此外,议会不允许非议员提出自己的意见。因而,不管是精通某个领域的人或普通的议员,他们更在意的是如何获得财富,而非获取知识。民主的政府不擅长保守秘密,也很少接纳他人的意见,尤其是当他人的意见有悖于政府自身的政治立场时。在这一点上,霍布斯也许是对的。但是这些不足并不是民主制本身固有的,

第五章 社会

因此可以被弥补。

霍布斯的第三点思考是虽然君主也会改变自己的决定，但是君主毕竟只是一个人。而议会的决定，多少有点不确定和不稳定意味，这取决于在需要做出决定的场合中，哪些议员正好参与了决策。这些人的决定每天都在变。霍布斯没有提供具体例子，但他本可以将伯罗奔尼撒战争时期，雅典议会不停地改变重大问题上的决定这一事例作为例子的。

霍布斯的第四点思考是君主绝不可能出于忌妒或特定利益而自己反对自己。而议会成员却可能出于忌妒或利益互相反对，甚至引起内战。议会掌握最高权力的唯一理由是防止内战，如此一来就完全违背了建立议会的初衷。而君主制才是主权不被分割的最好保证。

霍布斯的第五点思考是君主可能被阿谀奉承的人所迷惑，偏信他们，使他们越来越富裕，而不同政见者则越来越贫穷。但是，霍布斯认为一个君主的宠臣是有限的，而议会的宠臣还有议员的亲族数量更多。

霍布斯的第六点思考是有时君主的继承者仅仅是一个无法分辨是非对错的孩子。但是，霍布斯认为，如果君主能为继位者做好相应的安排，直至其成年，这并不是问题。他甚至调侃道，有时候，议会与小孩并没有什么两样，它同样需要一个监护人。在这一点上，纵观历史确实有很多这样的例子——在紧急关头，比如战争时期，议会指派独裁者作为临时君主。

霍布斯认为，君主制的优越性远胜于贵族制和民主制。虽然这样的观点并不能使世人信服,却清楚地展示了霍布斯对于君主制的偏好。

第六节 不可分割的主权

正如我们刚才所提到的,相比贵族制和民主制,霍布斯更倾向于君主制。其中一个原因是君主制更有利于维护主权统一。议会中往往存在不同的派别,只要议会中的某一派别拒绝接受多数票决,就可能引起内战。但是议会的权力至高无上,除非议会瓦解,否则主权仍然是不可分割的。但是,议会可以将主权分割给不同的人或机构,这正是灾难的源头。如果不使用武力,便不能解决任何因利益纷争而产生的问题。在《利维坦》第18章中,霍布斯将最近的内战归因于缺乏权威机构的契约(CL 117):

> 总之,如果君主缺失上述权力,那么其他东西将不复存在,权力也会被分割。正如基督所说的"一个自我分裂的国家是不可能存在的"。除非有分权的先例,否则将永远不会有人民分裂成反对的军队。有人认为英国内战的原因就是英国是分权的。权力分别分给了国王、上议院和下议院。政治和神学问题的争议引起人们对主权性质的思考,思考程度之深让我相信现在很多英国人都

第五章 社会

已经关注到"权力是不可分割的"这一点。

根据是否支持分权,政治哲学家们被分成两大阵营:支持派认为分权可以抑制和平衡权力,防止政府的滥用;而反对派则认为分权导致决策时犹豫不决,甚至引起内战。因为自霍布斯之后,英国宪法已经逐渐转向由下议院掌控绝对权力,而美国的宪法则率先提出分权这一概念。在接下来的3个世纪中,美国有过一次内战,而英国一次内战都没有。然而,没有明显的证据表明这样的结果与两者的分权情况不同有关。霍布斯追随者也许会提倡将近代的南斯拉夫、索马里或伊拉克这些国家推翻独裁者后导致内战和政权的完全颠覆作为例子。同时,霍布斯的反对者可能会将津巴布韦这个未能推翻独裁者却也有同样下场的国家作为例子。

虽然霍布斯在上文中运用了史实,但他提出的维护主权统一的真正理由是合乎逻辑和推理的。正如他在《利维坦》第19章中所提到的(CL 119):

因此君主一旦确立,在法律上就没有其他人可以代表臣民。除非君主为了某个特定的目的,明令指定某人作为代表。否则,两个或两个以上在同一个国家拥有主权的人会因互相反对而引起战争。如此一来,便与按约建立国家的初衷背道而驰。

从霍布斯出发
Starting with Hobbes

第七节 专制统治下的生灵

在霍布斯的国家里,关于生命最受欢迎的观点是:"这真悲惨,即使没有'孤独、卑微、肮脏、残忍'。""无论专制统治有多糟糕,还是比自然国家好",当他说出这番话来评价专制统治时,在一定程度上,霍布斯自己就是这个描述的代表。因此,在《利维坦》第20章的结尾,他提道(CL 135):

> 纵然人们可以设想无限权力的各种恶果,有限权力的后果更糟糕,这意味着人与人之间永远处在战争的状态中。人类社会永远不可能没有缺陷。

事实上霍布斯远比上述看法所呈现出来的样子更乐观。在《利维坦》第18章,他列举出君主必须保留的13个权力,以期保持绝对权威。

第一,国民不能改变政府的组织形式。

第二,所有国民必须臣服于君主。

第三,任何持有悖契约意见的人,必须遵循少数服从多数的原则,接受多数人的意见。

第四,任何人都不能对君主的行为持有异议。

第五章 社会

第五，国民不能惩罚君主。

第六，君主必须规定哪些是对和平最有利的行为，并且捍卫整个王国。

第七，君主必须规定哪些是可以在公共场合谈论的宗教或政治信条。

第八，君主必须规定民法。

第九，君主必须掌控司法。

第十，君主必须决定是和平或战争，并担任军队的总司令。

第十一，君主必须任命公职人员。

第十二，君主必须规定好惩罚与奖赏。

第十三，君主必须对荣誉做出规定。

我们可能想问，为了避免内战而把权力集中到个体或机构的手中究竟有多大的必要。现在，我们习惯了稳定的民主制度，比如立法和司法是明确分权的（这个民主制度就是霍布斯定义的贵族制）。但是，霍布斯所认为的政府职能是非常简单的，忽略了很多我们认为政府应该有所作为的领域：金融、税收（在这一点上，霍布斯只提及了与战争有关的税收）、贸易、教育、健康和福利等。但是，在17世纪，这些领域的事务不在政府职能范畴内。

所以，如果考虑政府的范围，霍布斯想当然地认为，尽管主权者有绝对权力，但他不会操纵公民的日常私人生活。相比起现代我们所习惯的中央控制，公民在那时会有更多的自由。如果霍布斯能复活，重新来到今天的世界，他一定会很震惊。因为国家对国民的把控范围竟如此之广,程度竟如此之深。他的震惊程度远远超过我们对他毫不动摇地支持君主掌权的震惊程度。正如他在《利维坦》第 21 章中所提到的,乐观点说,君主不能掌控所有的事情,公民有自由去做任何没有被明确禁止的事情(CL 138):

> 这些人为的束缚即市民法(civil law),就是我认为与公民自由相反的东西。因为用法律规范所有的行为是不可能的。市民法上提道,一个公民,有且只有自由去做法律没有明令禁止的事情。从这一点来看,每个人都有自由去做使他们利益最大化的事。

在《利维坦》的英文原著中,他更为细致地列举了哪些是市民法没有明令禁止的行为:

> 比如,双方买卖的自由;双方订立契约的自由;选择居住地、饮食和生活方式的自由;按照自己的意愿培养孩子的自由等。

正如我们所知道的,霍布斯对法律能在多大程度上规范公民的行为表示担忧。因为国家的规模在不断扩大,而且现代技术的发展使得国家对公民生活更深入地控制成为可能。

君主没有介入公民私人生活的一个更深层原因是社会契约的约束。霍布斯提道,因为契约是公民之间的约定,而不是公民与君主之间的约定,因而君主不受契约的控制,也不能毁掉它。然而,社会契约和

第五章 社会

自然法确实为人们的行为提供了一个道德框架并把君主的行为限制在订立契约的目的内。订立契约的目的就是保护人们免受内战和外部侵略的伤害,所以君主的权力应限于维护和平所需的范围内。这是霍布斯在上文所提到的权利和权力的基本原则。正如他在《利维坦》第30章中所提到的(CL219):

> 主权者,不管是君主还是议会,他们的义务通过主权国家的建立目的就能清楚地看出来,那就是保护人们的安全。主权者受到自然法的约束,只对上帝负责,他必须尽可能地保护人们的安全。我所说的"人们的安全"并不仅仅指公民的生命安全,还有他们理应获得的无损于国家的生活舒适度。

霍布斯想表达的意思很明确:当某些人对于和平来说是一种威胁的时候,主权者应该介入他们的私人生活。

我们先把是否分权会不可避免地引起内战这个问题放在一边,那么又有新的问题出现了:相比一个权力有限的主权者,一个拥有绝对权力的主权者是否会让公民的生活更糟糕。根据持有意见的不同,大体分成两大阵营。有人认为,拥有绝对权力容易滋生腐败,因而任何当权者的权力都应当被制衡。有人则认为,权力制衡在很大程度上使得效率低下。权力运用得好坏,主要取决于其他因素。霍布斯赞同后者的观点,并且为了保住他的地位,他对后者的观点提及的次数较多。

纵观历史长河,如果我们把目光转向罗马帝国,我们就会知道,一

从霍布斯出发

些帝王确实是明君,而一些帝王则不是。明君在位,则公民可以对正义、安全和繁荣有所希冀。反之,公民则可能会面临任意惩罚和死亡、法律和秩序被打破、贸易条件恶劣、高昂的税收和外部的安全威胁这样的状况,甚至连帝王本人的私生活都是乱七八糟的。

然而,所有君主手中的绝对权力是一样的,所以不能用君主手中权力的大小来区分明君和昏君。与其说是权力大小使然,倒不如说是个人性格使然。一些分权的国家能运转得很好。而一些国家却充斥着腐败和不公。所以,是否把权力分给不同的个体或机构似乎与国家运作情况的好坏不相干。国家的运作好坏似乎更多地取决于历史和文化,而非政府的组织形式。

我们已经知道,一方面,霍布斯认为,君主对促进国家繁荣昌盛和国民幸福安康有一种强有力的推动作用。因为君主财富的增加、荣誉的维护以及安全的保证依赖于国家的繁荣昌盛和人民的幸福安康。另一方面,霍布斯想当然地认为,至少在欧洲和欧洲的殖民地,君主会是一个虔诚的基督教徒。这在《利维坦》的第三部分(即从第32章到第43章)标题为《论基督教国家》(*Of a Christian Commonwealth*)中有所体现。霍布斯做出了一个假设,君主也是人,他也容易像其他人一样受到人类弱点的影响,但是君主至少会根据自己对基督教教义的理解来管理国家。总之,虽然君主确实有可能变得残暴,但是我们也有理由相信君主会管理好国家,使得整个国家往好的方向发展。

第五章 社会

第八节 论思想自由

对于一些生活在自由民主国家的人而言,最令他们烦扰的,也许就是霍布斯在论述主权时所提及的包括书面语和口头语在内的言论审查。正如他在《利维坦》第18章中所提到的(CL 113):

> 主权者要判断哪些言论和学说是有利于和平的,哪些是阻碍和平的;要判断在什么时间,哪些言论是可以在人民面前说的,能说到什么程度;要判断哪些书可以出版;要决定审查什么人。因为一定的言论会产生一定的行为,因而要管理公民的行为就要控制他们的言论,这样才能维护和平与构建和谐。真理不可能违反和平,而超过和平与和谐界限的东西就与自然法相冲突。在一些国家,因为一些导师的疏忽与无知,使得谬误逐渐变得像真理一样被接受,而真理本身却逐渐不被接受。因此,要由主权者对各种观点和教义做出评判。因为这些观点和教义,通常就是争议与内战的导火索。

在这里,有四点值得关注:第一,霍布斯认为正确的政治学说一定是有助于和平的,这一点毋庸置疑。因为正确的政治学说源于自然法,而自然法一直在强调的就是维护和平。由此,我们得到这样一个推论:

如果有人传播不利于和平的言论，那么他们就是在推崇错误的信仰。这些错误的信仰威胁和平，应当被禁止。

第二，在霍布斯时代，审查出版物在欧洲是一件很常规的事情。霍布斯坚持认为，主权者有执行审查的义务，这并不会被视为不正常或难以忍受的事。

第三，在内战期间，霍布斯依然在写作，这在很大程度上是他招致宗教和政治势力非议的原因。霍布斯认为，如果查理一世有能力控制清教徒和反宗教势力的言论，那么内战就不会出现了。这一观点有一定的可信度。但是，国王与议会之间的权力分割，大学学术以及教会传教的相对自由意味着反宗教的情绪像洪水猛兽般席卷着人们。作为事后诸葛亮，我们可能会认为，查理一世的死亡及随后清教徒政权的崛起削弱了君主的权力，这是一件好事。但从霍布斯的角度来看，令人恐惧的内战着实是一场灾难，任何事都可能让内战卷土重来。

第四，霍布斯只是谈论人们在公共领域中的言论以及与公共安全相关的问题，比如宗教、政治和法律，并没有试图以此来控制人们的思想。如果他们的言论符合法律规定，也符合君主对法律的阐释，他们的思想是自由的。霍布斯没有提出任何关于审查或监视私人聚会或通信的建议。只要人们遵守公共场合应该遵守的规定，他们可以发表任何言论。

但是，霍布斯禁止公共异议，这对大学产生了重大的影响。大多数写作或以宗教、政治或法律问题为主题在公共场合发表言论的人，是英国两所大学——牛津大学和剑桥大学的毕业生。因此，他们需要为传播引发内战的宗教及政治异议负责。霍布斯基于一些理由批评了

第五章 社会

大学。

第一,至少在亨利八世时期之前,大学的宪章和忠诚不是服务于英国国王,而是天主教教皇。大学不承认国王在宗教事务上的权威是分权的典型例子。霍布斯完全赞同亨利宣布英国教会的领袖是他自己,而不是罗马教皇的决定。霍布斯创作《利维坦》时就将大学描述成天主教的温床,这也许是不对的,但是它们绝不是皇家在宗教事务上盲目的追随者。

第二,大学自身的性质决定了它是鼓励争辩的。大学教学方法的核心就是争辩。学生不得不捍卫或反对有争议的甚至是非常矛盾的命题。如此一来便促进了思想自由,而这恰恰与霍布斯的观点背道而驰。霍布斯认为,不论是教师还是学生,都应该无条件听从教会领袖的指令。这在大学教育的其他领域,尤其是在政治和法律领域是说得通的。在政治和法律领域中,学生会接受与英国现行宪法和法律社会非常不一致的观点。尤其是他们会学习亚里士多德还有其他古代学者的著作。包括亚里士多德在内的这些学者大多支持在一个国家里,国民不能把权力上交给一个拥有绝对主权的人这一观点。

第三,大学所推崇的观点是大学教师和毕业生都是相应学科的佼佼者,因此,他们的观点比其他人的观点更有借鉴意义。霍布斯认为大学所教授的内容没有什么价值。他几乎没有学习过数学(至少在他还是个学生的时候没有学过)。自亚里士多德的时代以来,科学知识几乎没有什么发展。霍布斯在《论物体》还有其他作品中提出的科学观点远比大学里教的内容可靠和先进。在宗教和法律领域,如果学者们认为可以凭借专业知识对真正的基督教信仰或对合法与非法的行为做出评判，他们就错了。因为这些应该由教会领袖和国家的主权者来决定。如果存在分歧，则争议应当由君主而不是学者来解决。霍布斯认为自己是第一个将政治理论变成一门科学的人，因此提议将《利维坦》作为大学教材。正如他在英文版《利维坦》"回顾与总结"部分所提到的：

> 在我看来，《利维坦》这本书没有写什么，我先前用拉丁文写的内容也没什么。没有违反上帝的言论，没有违反好的行为标准，也没有扰乱公共和平秩序。因此我想，出版它是有益的。假如教材的筛选者同意的话，把《利维坦》作为大学教材会使这本书所发挥的益处更大。大学是培育公民和建立道德标准的场所，从牧师到贵族，各阶层的人都从大学里汲取精华，并向外传播（不论是通过讲道坛还是通过日常交流）。我们需要保护好大学，因为它还没有被异教政治理论家或被充满欺骗的话语所污染。

霍布斯反对大学的第四个理由是学者在说话和写作时，总是运用毫无意义的行话。一部分原因是要掩饰他们的无知；另一部分原因是通过行话展现他们有着渊博的学识和独到的见解，给他人留下深刻印象，从而获得权力和影响。

具有讽刺意味的是，霍布斯作为这样一个在政治和宗教问题上有见地的、独立的思想者，竟提倡完全禁止在公共场合或大学讨论这些问题。

宗教

第六章

从霍布斯出发
Starting with Hobbes

第一节 霍布斯——圣公会教徒

霍布斯是一个虔诚的圣公会教徒。严格说来,他反对天主教和长老会。当时,天主教仍然被视作威胁宗教和政治稳定的教派,同时也是对长老会的威胁,而苏格兰人则试图将长老会制度强加于英格兰人,作为他们支持议会推翻查理一世国王的条件。《利维坦》的最后一部分"黑暗的王国"(与前一部分"基督教国家"形成对比)中,霍布斯持续地抨击了天主教和长老会,尤其是天主教。第47章(CL486—487)是罗马教皇与精灵王国间的比较,也是这部分的高潮。在本章中,霍布斯充分展现了他讽刺的天赋,一箭双雕,嘲讽了对精灵王国的迷信和他所持有的天主教的信仰:

> 自从罗马主教变成普遍主教开始,罗马天主教的等级制度就好似英国老妇人、孩子和农民们所讲的鬼故事一样,充斥着阴影、幽灵和邪恶。
> 对于任何一个仰视教会帝国起源的人来说,肯定会认为教皇其实就是从前大罗马帝国的魔鬼,他戴着他的王冠,站在墓地中。
> 精灵就是鬼魂。教会的人称自己为"精神上的人"(spiritual men)。精灵住在幽暗孤独之地或墓地里。同样,教会的人游走在

第六章　宗教

教义的阴暗处，游走在修道院、教堂和墓地中……

牧师们通过符咒将玄学与奇迹相结合，习惯性地剥夺青年人的自然理性，这样他们才会盲目地遵循教条。所以在民间传说里，精灵会将摇篮里的孩子抢走，而用轻信巫术的傻子来取而代之。

民间故事里并没有说明精灵是在什么地方制作咒符的，但牧师的摇篮是大学，这是牧师们凭借权威建起来的。

据说当精灵们不满某些精灵时，就会为它标记号码，使得其他精灵都去排挤它。同样，当牧师对某个国家或国王心存不满时，他们就会散布煽动性和带有洗脑性质的言论来排挤国王。有时甚至使得国王们互相排挤。

精灵实际上只存在于那些无知的人们的担忧与惊恐之中。同样，教皇的精神力量得以存在（除了他自己的世俗规则）是因为人们害怕被逐出教会。

当我把霍布斯定义为一个圣公会教徒时，我想说的是他相信《圣经》和《公祷书》（*The Book of Common Prayer*）的绝对权威。除此之外没有其他意思。若二者间有矛盾之处，以《圣经》所写的为准。霍布斯不能公然反对《公祷书》，因为它承载着君主的权威。因此，拉丁文版《利维坦》的附录第一章是以 A 和 B 匿名对话的形式展现的。霍布斯写道（CL 519）：

A：所以，下一个问题就是，是否可以在《圣经》中找到以下这些说法：无躯体的物质（incorporeal substance）、非物质的物质（immaterial substance）或独立的本质（separateessences）。

B:《圣经》里没有这些表达。但是圣公会在1562年公布的《三十九条信纲》（39 Articles）中明确提到上帝是无形无象的。因此它是不会被否认的。除此之外《三十九条信纲》规定，否认上述内容是要被逐出教会的。

A: 并不否认。但是第二十条提道，教会只能让人相信能从《圣经》上推断出来的东西，反之则不应该让任何人相信。

显而易见，霍布斯个人认为第一条是错的。

只要可能，霍布斯都会用《圣经》来支持他的哲学主张。正如我们在心灵（immaterial soul）这一点上所看到的，他以"《圣经》上并没有提到这一点"作为理由来支撑他的观点，让人们不要相信。具有讽刺意味的是，霍布斯是唯物主义者，他的反对者将他称为无神论者。而他的作品（特别是《利维坦》）却包含了比其他哲学家更多的《圣经》里的内容。霍布斯对基督教的忠实信仰是毋庸置疑的。当他的信仰遭受怀疑时，他给世人提供了一个他忠诚于基督教的证据。在巴黎时疾病缠身的他一度以为自己快要死了，所以请了一个牧师来给他做了最后的仪式。

虽然霍布斯把《圣经》视作宗教权威，但他并不认为人们只能根据字面意义来理解《圣经》。这意味着人们可以对《圣经》有不同的理解。如果对于《圣经》的不同理解与《圣经》本身一样重要的话，

第六章 宗教

人们就不可能仅通过说理来说服其他人，让其他人相信自己对《圣经》有更好的理解。如此一来，就会引发宗教内部的战争。因此，就像君主在公民事务上是唯一的权威一样，君主在宗教事务尤其是对《圣经》的理解上也应当是唯一的权威。君主既是国家元首又是圣公会领袖，如此一来，英国就变成了神权政治的国家，或者说基督教国家。

反对"君主有权对《圣经》做出解释"这一观点最有力的论点是：一个对《圣经》有不同理解的普通公民是直接接受上帝启示的。霍布斯不认同这个观点，因为直接启示是奇迹，奇迹的时代已经终结了。正如他在《利维坦》第 32 章中所提到的（CL249）：

> 奇迹时代渐渐逝去，我们没有标准来衡量任何普通公民是否接受了上帝的启示，我们也没有义务去接受他们所说的一切。除了《圣经》本身，我们什么都没有。自从传教者到来，《圣经》就已经代替了那些传说，这些足够对预言终结做出补偿。通过正确地理解和谨慎地论证经文，很容易就能推断出训诫和规则。这些训诫和规则对于我们了解自己对上帝的义务或对我们其他同伴的义务来说是必要的。无须热情，也无须神的启发。

我们已经看到，霍布斯在对君主权力的阐释中包含了对《圣经》的解释。在《利维坦》第 40 章（CL321）中，他比较了君主的权力与摩西的权力。摩西是上帝和人类之间唯一的传话者，也是唯一得到允许攀爬西奈山的人。他在西奈山得到了十条戒律。

在基督教国家,谁与摩西有同样的地位,谁就是上帝唯一的信使,也是唯一能解释上帝传谕的人。在理解《圣经》上,没有人有权利跨越君主设定的界限。今天我们通过《圣经》来了解上帝说过的话,《圣经》是像西奈山一般的存在,它所设定的界限就是地球上代表上帝的人所制定的法律。人们可以通过学习法律,来保持对上帝的敬畏,但解释法律就是对上帝设定界限的逾越。那就是说,如果我们过分好奇,窥探上帝曾经对他所设定为统治者的人所说的话以及判断统治者是否按照上帝的指令来管理人们的话,那就是逾越了上帝的底线。

这似乎与霍布斯先前谈及的社会契约问题相矛盾:君主可以利用从臣民手中获得的权力,任意地决定如何解释《圣经》。在这里霍布斯说君主是上帝任命的,正是上帝告诉君主应该如何理解《圣经》。然而,对于霍布斯而言,两者的顺序是可以调和的,只要我们记住上帝是为世间发生的一切负责的。人们决定任命特定的君主以及君主理解《圣经》的方式都是神创造的结果。

第二节　从希腊哲学看基督教会的腐败

霍布斯坚信在宗教事务上,只有《圣经》才是权威。他不接受

第六章 宗教

任何在《圣经》之后提出的教义。具体地说，这意味着霍布斯不接受《尼西亚信经》（Nicene Creed）出版后提出来的教义。他认为，《尼西亚信经》是最后一个严格遵循《圣经》的官方教义，同时也是尼西亚公会议（尼西亚，现土耳其伊兹尼克）的结果。第一次尼西亚公会议是君士坦丁大帝（Emperor Constantine）在公元325年召开的反对阿里乌斯派异端（Arian heresy）的会议，依据的教义是耶稣并不是上帝本身。霍布斯在拉丁文版的《利维坦》附录第1章中对《尼西亚信经》做出了更多的阐释。

然而，霍布斯并不只是忽视后圣经的教义。他提出了一个独到彻底反对的观点。他认为后圣经的教义不止错误而且无意义。在《利维坦》第46章［即《空虚的哲学带来的黑暗》（The darkness from vacuous philosophy）］中，他首先区分了真正的哲学和堕落的哲学。真正的哲学，比如他自己的哲学；堕落的哲学，尤指亚里士多德学派的哲学（CL 468—469）。

> 各位读者，如果你预想本章就要抨击哲学观点或哲学家的话，你会失望的。那么你可能想问，本章究竟是要谈些什么呢？在本章，我将区分哲学家和非哲学家，也将区分真正的哲学和错误的哲学。真正的哲学就像是智慧的学者，教导人们应该怎样生活，也指导人性的至高荣誉。而错误的哲学就像一幅画卷，也像是一个饶舌的妓女，在很长时间内被误认为是真正的哲学。哲学是一种探索，这种探索产生于智慧之后。目前我们以为是哲学的东西

其实是智慧。它可以被定义为通过正确推理而获得的科学知识,也可以被定义成设想的原因或来源的影响,还可以被定义成来源于已知影响的可能性。《圣经》和人类都不会拒绝这样的智慧。

正如我们所看到的,霍布斯实际上是把真正的哲学等同于科学,拒绝接受抽象的形而上学。他认为,正是空洞的形而上学带来了王国的黑暗。

随后他提供了一个简要的历史框架,解释早期的教堂是如何被亚里士多德学派的哲学家强行控制的。亚里士多德学派的哲学家既信奉基督教,又不必抛弃他们自己的哲学主张。随着西方 11 世纪之后开始建设大学,亚里士多德被誉为一个伟大的教父。他的哲学主张被视为对天主教神学的完善而被教授和传道。但是亚里士多德哲学主张的基本原理就是错误的,因而这些基本原理错误要为所有的错误负责,为天主教的非圣经教义负责。霍布斯写道(CL 473—474):

这可能是说,你攻击罗马基督教的教条或者在大学教授的神学,仅仅是因为它是亚里士多德学派提出来的。但是它是如何由亚里士多德衍生出来的?是根据亚里士多德的哪一条学说?让我来告诉你。当希腊人,拉丁人和大多数欧洲人想证实些什么时就会把两个名称用"是"(to be)之类表示存在含义的单词联系在一起。这是他们用两个不同的名称来指同一个东西的方式。比如,有人说"人是动物"。他们希望其他人将这句话解读为:如果"某

第六章 宗教

些特定的东西是人"成立,那么"这些特定的东西是动物"也是成立的。在其他场景中,他们为特定的名称贴上存在的标签,比如当某些人说"上帝是……"时。但是在这种情况下,他们希望其他人将这句话解读成:上帝是真实存在而不是大脑臆想出来的。是物质而不是幻象。希腊人就是这样区分真实存在和肉眼所见。比如,他们把一个照镜子的人称作物质。但是他们把镜子中所呈现的人称为幻象。当"是"(to be)这个词用在第一种情况,即用"是"将两个名称联结在一起,它被称为"连系动词"(copula);而用在其他情况时,它被称为"存在动词"(substantive verb)。有时候甚至是犹太人也会用这个存在动词,当上帝无条件地说他的名字就是我叫什么时。但犹太人从不用"是"来联结两个名称,而是将这两个名称作为同位语。比如在《创世记》第1章第2节中有"大地这东西没有形状"(Earth thing without form)的意思,然而我们要把它翻译成"大地是没有形状的"(The Earth was without form)①。

霍布斯想说的是,与希腊语和拉丁语有关的语言中,动词"to be"有两种功能。第一种是表示句子的主语是一个独立存在的物体。这与希伯来语有共通之处。希伯来语中可能会说上帝和其他东西一样是存在的(霍布斯忽略了一点,在一些语言比如英语中,表示存在的"is"

---

① 这里讨论语法问题,所以采用了直译。《圣经》(和合本)中的中文译法为:地是空虚混沌。

从霍布斯出发
Starting with Hobbes

和"exists"这两个词是有区别的。在英语中,我们不会用"Troy was"表示特洛伊已不复存在,但在拉丁语中,我们可以这么说。再比如,在意大利语中"Othello was"表示"Othello"即将成为历史,但在英语中我们不会这么说。但是这些例子并没有影响霍布斯的看法)。动词"to be"的第二个功能就是联结两个名称,把一个物体(谓语)归因于另外一个物体(主语)。在霍布斯举的例子"人是一种动物"中,"人"是主语,"是一种动物"是谓语,但是在这个句子中,人和动物有含义,动词"to be"没有含义,它更像一个单纯起语法作用的标点符号。有些语言,如希伯来语,是要精确地传递相同意思的语言,会将名称并列地提出来,而不使用动词"to be"。即使是在英语中,也有轻快的口号,如"两个轮子好"(Two wheels good)。

霍布斯补充道:创造动词"to be"是多余的。

相比物质本身,亚里士多德对物质的名称更感兴趣。比如,他知道什么东西是属于"人类"或"动物"这一名称范畴的,但并不愿止步于此,这个勤奋的人显然探索得更深。他问通过连系动词"is"或不定式"to be",我们可以感知到什么。他坚信"to be"就是一些物质的名称,仿佛真实世界里存在名为"being"或"essence"的物质。从这个谬论出发,他得到了更荒谬的结论。他断言一些名为"essences"的物质可以脱离它的主体,占领天体,使天体旋转。亚里士多德还主张,人的灵魂可以与人的肉体分离而独立地存在。这个观点可能与荷马的神学观点一致,但与《圣

第六章 宗教

经》的观点不符。"essence"这个词在《圣经》里找不到,在祷告文、信纲或圣公会的教规里也找不到。它也不是希腊词"ousia"(意为"存在"),除了有时候可以指"财富"(riches)(拉丁语 res 也有这两种意思)。也不是"必要的"(essential)、"本质"(essentiality)、"实体"(entity)、"授权"(entitative)或连系动词形成的词。希伯来语就没有这样的问题。所以不管是不是创造,"essence"都不是一个实实在在的物质而只是一个被人赋予的名称。漫游于书面语或口语的词海中,亚里士多德利用联结名称的方法,亲自编造了这些闻所未闻的、出处不明的、空虚的实体。这就是哲学的起源,圣保罗将其称为"虚空的妄言"。

这篇文章巧妙地运用语言分析来毁坏形而上学思想坚实的基础——形而上学思想稳固得就像一座大厦,而一旦移走了其中的一块砖,则整座大厦就会倒塌。霍布斯的中心观点是亚里士多德的错误在于假设单词都是有实际意思的。但这一假设成立的前提是现实中有实物与之对应。而现实中是没有实物与"to be"相对应的,它的作用只是将主语和谓语连接起来。但亚里士多德认为,除了一些名称如"人"和"动物"有对应的实物外,还会有非物质的"beings"或"essences"(essences 是一个拉丁词汇,相当于英语中的"beings")来与"to be"相对应。亚里士多德把这些都看成可以独立存在的东西,认为天体的运动缘于无形的东西推动它们做圆周运动,人的行为缘于非物质的灵魂,灵魂在毁坏的肉体中仍能生存。霍布斯认为,非物质实体以及以经院哲学和天主教神学为特点的抽象实体的无意义教义,本源都是亚里士多德的设想——一定存在非物质实体与"to be"相对应。霍布斯断言"to be"这一个词要为无意义的形而上学负责,这未免有些过火。但他认为形而上学寄生于特定语言的偶然特性中,这一观点在很长一段时间内被世人所遗忘,直到20世纪才又被一些哲学家如维特根斯坦提起。

回到霍布斯的基要主义上来,他强调希伯来语书写的《旧约》没有受到后期希腊哲学唯心论的影响。有人可能会期待希腊语书写的《新约》有所不同,而且《新约》的一部分作者,特别是圣约翰受到了希腊哲学思想的影响,并对这些思想了如指掌。而霍布斯尤为反对的唯心主义思想并没有出现在《新约》里,看起来他所持有的观点是对的。希腊哲学的恶劣影响只有在神学家们为了建立宗教真理,开始依靠他们自己的哲学推理而不受限于《圣经》的权威时才被感知到。托马斯·阿奎那将亚里士多德学派的思想融入基督教神学时希腊哲学的发展达到了最高峰。天主教会认可这个新神学作为官方哲学。自此,天主教神学和大学哲学全都变成无意义的口号和抽象的术语,成为霍布斯调侃的对象。比如,在英文版的《利维坦》第8章末尾(CL46—47),霍布斯提道:

> 特别是在讨论圣餐变体论(transubstantiation)时,(牧师在弥撒上)说了某些词之后,如"白色(whiteness)、圆(roundness)、大小(magnitude)、质量(quality)和腐败性(corruptibility)等,

所有这些名称都是无形的"的性质从圣饼里走出来进入神圣的救世主体内。他们没有将"nesses""tudes"和"ties"变成拥有救世主身体的圣灵吗？他们总是用圣灵来表示非物质的、但却可以从一个地方移动到另一个地方的东西。这种荒谬正好是众多荒谬中的一种罢了。

霍布斯的重点在于只有物质的东西才能在空间和时间中移动。设想圣饼的特质可以转移到基督的体内是荒谬的。基督教神学最终堕落是源于亚里士多德误认为"nesses""tudes"和"ties"源于虚构的概念"being"，它与无意义的系动词"to be"相对应。

最后，我们还得提一下霍布斯的机智双关语："在亚里士多德杂交（by the copulation of）这些名词的过程中，他产出了（gave birth to）荒诞和空虚。"

第三节　关于上帝是否存在的争论

证实上帝的存在时，霍布斯遇到了一个问题：他所接受的唯一证明上帝存在的证据，既不是能感知的证据，也不是基于推理的证据。显然基督教中的上帝不同于异教中的神，他的存在并不能通过我们的经历来证明。异教中的神据说居住在地球上（比如，住在奥林匹斯山山顶），偶尔会与人类互动。因此，上帝的存在就不得不通过推理来证明。但是，正如我们在第二章所提到的，推理取决于定义。下定义时，我们必须百分百确定我们懂得如何去创造这个东西，比如几何学图表。显然，上帝并不是由我们创造出来的，相反，上帝创造了我们。

此外，问题不仅仅在于找到证据证明上帝的存在，而在于我们对上帝是否有概念。霍布斯认为我们所有的概念都来源于经历。如此一来，因为没有见过上帝，所以我们对上帝便没有什么概念。即使我们确实想方设法地证明上帝的存在，但在对他毫无概念的前提下，我们怎么知道是否已经证明了他的存在呢？

霍布斯坚信我们对于上帝没有任何概念。这是他反对笛卡儿在《冥想录》(*Meditation*)第三部分所提到关于上帝存在的核心观点。笛卡儿声称他脑海中的上帝是这样的："至高无上、永恒、无极限、全知和全能，是除了他自己之外的万物的创造者。"随后霍布斯提出这个关于上帝的概念甚至比笛卡儿的思想重要得多，以至于他自己是根本不可能想出来的，就像他也不可能提出吐火兽的概念一样。因此，这个概念一定是来自上帝，以证明上帝确实存在。

霍布斯的反应只是想表示我们对上帝没有概念。他在第五部分"反对"中提道：

> 对于"上帝"这个神圣的称呼，我们既无法想象，也没有概念。这就是我们禁止仅仅通过想象来崇拜上帝的原因，除非我们认为自己可以形成关于上帝是谁的概念。所以，我们似乎并不知

第六章 宗教

道上帝是谁。

但是,如果说我们对于上帝毫无概念,那么当我们用语言来描述他时,我们所说的话是什么意思呢?霍布斯在《法律原理》第11章第3节中回答了这个问题:

无可否认的是我们将所有的东西如看见、听见、说话、了解和爱全都归因于上帝这个全能的神。当我们把这些名称归因于人类时,我们就对人类有了一些认识。但把这些归因于上帝时,我们并不能对上帝的本性有什么认识。"上帝创造了眼睛,他就应该能看;上帝创造了耳朵,他就应该能听见"。这是一个好论点。"上帝创造了眼睛,所以即使没有眼睛,上帝也能看见;上帝创造了耳朵,所以即使没有耳朵,上帝也能听见;上帝创造了大脑,那么即使没有大脑,上帝也能思考;上帝创造了心,那么即使上帝没有心,也能够去爱"。这也是一个好的论点。因此,诸如此类的神性预示着我们的无能或敬畏:在我们说上帝是不可思议和无极限时,我们是无能的;在众生之中将我们赞赏的东西的名称赋予上帝,如全能、全知、正直的和宽容的时,我们是敬畏的。当万能的上帝在《圣经》中将这些名称用以形容自己时,他只是运用了拟人手法。就是说,上帝屈尊,说我们能听懂的话,否则我们便不能理解他。

从霍布斯出发

这个回答是非常复杂的。基于他提出的"语言的首要功能就是描述"这一假设,霍布斯认为他已经超越了原始的语言学。在宗教语言中,我们用在上帝身上的形容词根本不构成描述,因为在我们的脑海中,我们对由那些形容词表述的上帝毫无概念。换句话说,我们的脑海中确实有关于上帝的记忆图像还有把上帝想象成站在人群中有着灰白胡子的老人一样都是错误的。当然,这在后来成了约翰·奥斯丁在20世纪提出的一个术语——"行事话语"。换言之,行事话语的功能不是对现实的本质发表正确或错误的断言,而是有仪式上的重要性。用这些形容词形容上帝,表示我们承认我们与上帝之间有距离,我们完全不能理解上帝的本性,同时也表示出我们对上帝的崇拜。崇拜上帝与描述上帝是完全不同的两种活动,但霍布斯有什么理由相信上帝是存在的呢?

不像早期的哲学家,如阿奎那和笛卡儿那样提出了一系列上帝存在的论据。霍布斯只坚持一种观点,他确实很明智,因为如果一种观点有效,便没有争论其他观点的必要了。持有不止一种观点意味着,每一种观点的论证都是不充分的,那么上帝的存在只能通过积累间接证据来证明。霍布斯的论点首次出现在《法律原理》第11章第2节中,并且在后面的章节中就同样的观点重复过很多次。

> 万能的上帝是不可思议的,因此我们可以没有神的概念或想象。因此,上帝的所有性质都预示着我们无能且无力设想他的任何性质。因而我们除了知道上帝的存在之外,其他的毫无概念。

第六章 宗教

我们理所当然地认为必定有一种力量能够在它们被创造出来的时候,创造它们;这股力量存在的前提是有包含这股力量的东西存在;这东西有创造力,那么它并不是永恒的,一定也是被其他的东西创造出来的;以此类推,其他的东西背后一定还有另外的东西把它创造出来,直到我们发现永恒的力量,也就是说这股力量产生了所有的其他力量,它是其他原因的原因。人们把它命名为"上帝",预示着永恒、不可思议和全能。这样的话,任何人只要一想到这个问题,就会自然地知道上帝的存在,虽然并不知道上帝究竟是怎样的存在。这就类似于天生的盲人无法想象火是什么样的,但他们会知道有这么一个被人称为"火"的东西,曾带来过温暖。

霍布斯的论点相当复杂,他绕过第一因的逻辑陷阱,观点大致如下:

事出必有因;
如果原因链和影响链有无限个,那么就没有源头;
因此,一定存在首因、无因之因。

这个观点明显不合逻辑,因为它的结论与前提相矛盾。前提是"事出必有因",因而无法得出"有一件事情是没有原因的"这样的结论。相反,霍布斯提出了后来我们称为"宇宙论"的理论:

从霍布斯出发
Starting with Hobbes

  自然界中事出必有因；

  如果原因链和影响链有无限个，那么就没有源头；

  因此，一定存在一个超自然永恒的原因，区别于自然界的原因链和影响链。

  这个观点更好，符合逻辑，而且它表明造物主上帝是有别于自然事件的（比如上帝与宇宙大爆炸就属于不同的序列）。然而这并不是最后的结论，因为"事出有因"只是一个没有被证实的假设。以所知的现实为争论的起点，却得到与所知的现实完全不同的结论，这是说不通的。如果霍布斯坚持认为我们只能通过经历获取一些东西或通过推理得到推论，他无权说上帝的存在可以被证明。作为一个新教徒，霍布斯证明观点更为明智的方法是通过信仰而不是推理。而作为霍布斯哲学的倡导者，他本可以更为明智地倡导，作为一名基督教国家的公民，信上帝（或至少公开宣布信上帝）是社会契约下的一个要求。虽然霍布斯关于上帝存在的论断是有瑕疵的，但是他虔诚的信仰是毋庸置疑的。

  霍布斯用盲人对火的感受作为类比引发了一些评论。他在第五篇反对笛卡儿的《冥想录》的驳文中解释得更充分：

  我们似乎对上帝毫无概念。我们更像那类人——虽生来看不见，却有很多接近和感受火的温暖的经历，承认必定存在使人

第六章 宗教

温暖的东西，听见人们将其称为"火"，因此得出"火是存在的"这一结论，然而并不知道火的形状和颜色是什么样的。换言之，在此之前，这类人的大脑中对火是什么毫无概念。所以，如果人们明白他们的想象或想法的出现必然是有原因的，那么一定会有其他原因先于这个原因出现。最后他们总是被迫停下，假设存在最早出现的永恒的原因。我们不知道它的源头在哪里。所以他们得出"必定有一些东西是永存的"这样的结论，然而并不知道什么东西才是他们称之为永存的东西，但他们给自己相信或接受的东西一个名称——上帝。

从一个层面上看，霍布斯的言论是荒谬的。盲人对火的认识必定不如看得见的人对火的认识那么丰富，但是并不代表盲人对火毫无概念。火最重要的特征就是温暖，盲人是感受过的。看得见的人知道火是什么样的，但可能从来没有近距离地去感受过火的温暖，因而对于火的认识可能更为贫乏。这是其中为数不多的一个例子，在这个例子中霍布斯似乎忽视了其他知觉，仅从视觉层面出发来思考问题。

然而，从另一个层面上看，霍布斯可以试着提出更好的观点：我们对于外界事物究竟是什么样的毫无概念。因为我们对外界事物仅存有感官影像，并且我们有充分的理由假设东西本身的性质完全不同于感官影像的性质。虽然对于事物的真实性质毫无概念，但是我们不得不相信外在事物的存在源于我们的想象。类似地，虽然我们对上帝的性质也毫无概念，但是我们也不得不相信上帝就是终极的无因之因。

从霍布斯出发
Starting with Hobbes

第四节　物质的上帝

在早期的写作中，霍布斯强调除了知道上帝的不可知及上帝是宇宙永恒的造物主以外，我们对于上帝的其他性质毫无概念。然而在后期作品中，他声称我们可以知道关于上帝的一件事是上帝是物质的。这引发了我们的思考，即霍布斯是否在年轻时隐藏了他真实的信仰，还是说现在他的思想改变了？

我们有充分的理由假设，如果他相信上帝是物质的，他确实可以绝口不提。因为他非常清楚早期的宗教权威相信只有物质对象才能存在。犹太教撒都该派（pre-Christian Judaism）认为上帝和人类的灵魂都是物质的。德尔图良（Tertullian）是最早的基督教教父之一，他曾经明确地提出"上帝是物质的"。然而，在17世纪的英国，撒都该教义中提到的"世上的东西都是物质的"这一说法一般被视作与无神论等同。在圣公会的教义里，这种说法也与1562年公布的《三十九条信纲》相矛盾。《三十九条信纲》上是这样写的："这里有一个活着的真实永恒的上帝，他无形无象，也没有激情。"我在第一章提到过，霍布斯是下议院盘问的对象。因而他销毁了很多尚未出版的神学作品，以防他们用这些作品来攻击他。相比起已经出版了的作品，未出版的作品毫无疑问能够给我们提供更多关于霍布斯宗教信仰的信息，但是他

第六章 宗教

却将它们销毁了,这意味着这些作品确实会招致祸患。霍布斯仅在国外出版的拉丁文作品中公开宣称上帝的物质性,耄耋之年的他已经失去起诉的价值了。因此,很有可能霍布斯一直都相信上帝是物质的,只是年轻时没有说出来而已。

他在《利维坦》第3章附录(CL 540)中更细致地探讨了这个问题:

> 随后,接近第4章开头的部分,他否认无实体物质的存在。还有什么能比这句话更能证明霍布斯否认上帝的存在的?或更能证明霍布斯主张上帝就是一个实体?
>
> 霍布斯确实主张上帝是一个实体。但德尔图良在他之前就提过这个观点了。阿佩利斯(Apelles)还有其他同时代的异教徒认为,救世主耶稣基督不是实体,而是幻象。为了反驳这一观点,霍布斯声明不存在任何无实体的东西。这也同样反驳了帕克西亚(Praxeas)所谓的"每种物质都是这种或那种实体"。这个教条从来没有在大公会议上受到过批评。如果你能在《圣经》里找到"非躯体""非物质"的用词的话,悉听指教。

基于"实体与物质意思相同"这一观点,霍布斯得出结论:"上帝是物质的。"所以"非物质实体"的表述是矛盾的。这个论断是否与霍布斯之前所说的我们对于上帝毫无概念这一说法相一致?这仍存在争议。因为我们很难理解一个无限的物质对象是如何成为宇宙间的造物

从霍布斯出发
Starting with Hobbes

主的。我们也无法形成关于这个对象的记忆图像。然而,这种观点与霍布斯早期作品中的观点相比,对上帝的性质有了更积极的认识。

在拉丁版本的作品中,霍布斯的言论几乎令人震惊,他说"Deus est corpus"(拉丁文),但这句话有歧义。因为拉丁文中没有定冠词或不定冠词。且霍布斯的这句话译成英文是:God is a body 或 God is body,意为上帝是一个实体或上帝是实体。我更倾向于后者,因为"God is a body"意味着上帝只是众多实体中的一个,这显然与霍布斯所说的上帝具有无限的神力不符。这个陈述令人震惊,因为霍布斯没有用一个形容词,比如物质的,而是将上帝等同于实体。

这引发了另一个理解上的问题。如果上帝是无限的实体,那么我们可以很自然地把上帝等同于整个无限的、物质的宇宙。这就是说,忽略霍布斯的措辞,他并非将实体等同于上帝,而仅仅是说上帝是物质的,并且这与组成可观测的宇宙中的物体不一样。基于这个理解,上帝不得不变成一个无限且无处不在的物质精神。即相对纯化的物质,就像以太即使在没有空气的地方,也能携带光亮。

正如霍布斯在《对布拉姆霍尔的回答》(*An Answer to Dr.Bramhall*)中提道(p.340):

> 从我对宇宙的论述中,他[布拉姆霍尔(Dr.Bramhall)]推断是我让上帝变得什么都不是了。但这个推论是荒谬的。他可以从中推断出来的是我让上帝变成精神层面上有形的东西。而宇宙则是所有有实体的物质的集中。这也是其他人想表达的意思。因

第六章 宗教

为上帝是有实体的,因而他可以是整个宇宙,也可以是宇宙的一部分。

这是一个非常清晰的论断:上帝可以是整个宇宙,也可以是宇宙的一部分。当霍布斯说上帝可能是宇宙的一部分时,他肯定是说,从无处不在的物质精神层面来看,上帝是宇宙的一部分,可以填满整个宇宙,即便是在没有实体的地方。从已在国外出版的拉丁文作品来看,他更倾向于上帝就是整个宇宙这一观点;而从已在英国出版的英文作品来看,他更倾向于上帝是宇宙的一部分这一观点。这样的话,也许在审查人员面前他就不会显得那么特立独行。

"上帝是宇宙的全部"这样的观点使得霍布斯更像一个泛神论者,或是将上帝与整个自然界等同的人。如此一来,他既不是第一个泛神论者,也不会是最后一个泛神论者。在古代,斯多葛学派(Stoic)哲学家是泛神论者。受霍布斯影响的其中一个哲学家斯宾诺莎(Spinoza),公开宣称自己是泛神论者,他曾交替使用"上帝"和"自然"这两个词。我们将在下一章谈到斯宾诺莎。如此一来,就不难相信霍布斯应该只是在字面上将上帝与实体等同。我们可以在霍布斯的拉丁文作品中找到很多依据。在《利维坦》第3章附录中,霍布斯写道(CL541):

再次,"我们因上帝而生,因上帝而动"(We all have our being and move in God)。这是保罗在《使徒行传》第17章第28节(the Apostle in Acts)中说的话。但是我们都有量质的特性,那些量质的特性可以存在于某种非量质的东西中吗？上帝是伟大的，但是因为没有实体，我们无法知道他究竟有多伟大。甚至尼西亚大公会议也无法确定上帝是无躯体的。

霍布斯想说两点。第一点是《圣经》的观点，保罗说："我们都信仰上帝。"但是，因为我们有空间维度，我们只能存在于一个同样有空间维度的地方。具有空间维度是实体的特点，因而我们可以得出结论："上帝也是实体，我们都是他的一部分。"

第二点是上帝是庞大的。而只有实体才能用"庞大"来形容。如果庞大就是指实体的大，这一点是成立的。但霍布斯很清楚，拉丁词"magnus"和它的最高级"maximus"的意思与英文中的"large"和"largest"的意思一样（中文中的"大"和"最大"），这其实是蕴含敬意的标题，而与实体的大小无关。查理曼（Charlemagne）个子很高，他被称为查理大帝不是因为他的身高，而是他的功绩。类似地，用"大"来形容上帝不是因为他的躯体大，而是他的力量和地位。霍布斯的论据是无效的。

在本章后面的部分，霍布斯如此写道（CL 541）：

> 此外，在尼西亚大公会议上，圣父不仅谴责了阿里乌斯派（Arianism），还谴责了在主死后渗透到教会里的所有异教。拟人论（anthropomorphites）就是一种异端邪说，它将人的一部分归于上帝。但他们没有谴责那些跟德尔图良一起声称"真实

第六章 宗教

的""物质的"和"纯粹精神就是有躯体的"这样的言论。那些用"纯洁"形容上帝的人是对的，因为"纯洁"是一种尊称。但是用"纯化的"来描绘上帝是危险的，因为纯化在一定程度上导致虚无。

霍布斯似乎在说上帝是由高度纯化的物质组成的精神，但随后他更改了这种说法，因为越纯化的物质就越接近虚无。如此一来，一个最大程度纯化的物质就变得什么都不是。这意味着固体的物质比灵性更好，因为物质的密度更大，并且更加真实，所以上帝必定是固体物质中的极品。

在他的英文作品中霍布斯倾向于与之相反的观点，即上帝是一种填补固体空间的物质精神。事实上，在英文版《利维坦》第31章中，他明确否认上帝等同于整个世界（CL 239）：

> 那些宣称世界或者世界上的灵魂都是上帝的哲学家，其实是在贬低上帝，是在否定上帝的存在。我们是通过上帝才知道世界是如何产生的。那么，说"世界就是上帝"就意味着世界的产生没有因由，换句话说，上帝是不存在的。

但是值得我们关注的一点是霍布斯在拉丁文版的《利维坦》一书中完全没有谈及这一部分，要么是他后来改变了想法，要么是他认为面对说英语的读者群体时，掩饰自己泛神论的倾向是必要的。

从霍布斯出发
Starting with Hobbes

在《自然哲学的十个对话》(Ten Dialogues of Natural Philosophy)第89页中,他写道:

> A:把它作为一个假设是很困难的,比这更困难的是相信无限和全能的造物主本应创造出与我们眼前这个世界一般广阔的空间,这个空间不留空隙空无一物。总的来说,与整个宇宙相比,它们微不足道。
>
> B:为什么这么说?你不觉得这正好提供了真空存在的证据吗?
>
> A:为什么不能这么说?所有自然体都在快速振动,振动过程中难道不可能把其中一部分甩出去,腾出空间来吗?
>
> B:因为创造它们的上帝并不是一个幻象,而是最真实存在的物质。他是无限的,因而他的所到之处不会有空间,未到之处也不会被填满。

这样看来霍布斯的立场再鲜明不过。他认为上帝就是无处不在的物质精神。但这可能吗?先前霍布斯认为宇宙是被光线的传播媒介以太所填满的,不存在类似于真空的东西。众所周知,两个物体不可能同时占领同一个空间。换言之,如果上帝是物质的,他便不能与以太共存,因为空间大小是有限的。因此,上帝一定就是以太。霍布斯从来没有这么说过,但是在《对布拉姆霍尔的回答》第309—310页中有一篇有意思的文章。

第六章 宗教

我和其他人都亲眼看到过用两种液体做的实验。这两种液体分别是：河水和矿泉水，单凭肉眼无法区分。把它们混合后，该混合液体与牛奶仍没有明显区别。然而，我们知道它们不能这样混合成一个整体。因为两个物体不可能同时存在于同一空间。液体的每个部分有所改变的唯一方式是矿泉水的活动，让液体看起来有所不同，但这种不同不可能存在于液体每个部分。类似于水这种庞大的物体都有如此大的活动力，那么灵魂呢？它的种类跟液体的种类一样多。是灵魂，还是水会有更大的活动力？我们难免会怀疑，上帝拥有无限力量和智慧，是否只要高兴他就可以创造和改变所有物种呢？我不敢说上帝就是这样的，这不在我能理解的范畴。另一方面，证明上帝的全能是非常有意义的，也是无异议的。这比宣称增加它的纯度来减少它的神性，使它变成幽灵或幻象（即虚无）要好。

所以，如果上帝和以太同时存在，上帝只会存在于没有以太的地方。它们是彼此独立的个体，保持着自身原有的特性。这严重地限制了上帝的无限性。更糟糕的是，如果上帝是精神而不是整个宇宙，他只能存在于没有物质的地方。如果他与以太为争夺空间而互相推搡，根本就没有容纳物质上帝的空间。如果挤压，霍布斯就不得不说上帝是无孔不入的以太了。

从霍布斯出发
Starting with Hobbes

第五节 来世

基督教的中心教义是：人死后有来世，善有善报恶有恶报。然而对于如何报，什么时候报，在哪里报有不同的哲学观点。接下来我将考虑三个最重要的途径。

"灵魂与肉体分离，人死后，灵魂可以直接上天堂或者下地狱。"这也许是今天最普遍的信仰。但是天堂和地狱的位置界限模糊（如果说明确它们的位置有意义）。某个灵魂是享受欢愉还是遭受苦难呢？它们的界限也是模糊不清。但可以肯定的是，无躯体的灵魂不能真实地经过地狱之火的焚烧进入永恒。"灵魂完全独立于肉体"的观点源于柏拉图，最早由奥古斯丁引入基督教；近代，由笛卡儿再次引入基督教。

然而，柏拉图哲学或笛卡儿哲学的地位与天主教官方哲学的地位完全不同。天主教官方哲学可追溯到中世纪托马斯·阿奎那将基督教神学与亚里士多德学说合并在一起。阿奎那认为，灵魂是肉体的形式，不能脱离肉体而单独存在。人死后灵魂不能直接上天堂或下地狱，而要在地狱边境等待最后的审判，被赋予一个灵性的身体等候通知。随后他们都要上天堂或下地狱（不管他们在哪里），灵性的身体（不管是怎么样的）使他们能在享受欢愉或遭受苦难后进入来世。

霍布斯的观点与上述观点不同，因为柏拉图与亚里士多德灵魂学说均认为灵魂是肉体的形式，这些观点源于希腊哲学，并且不同于第

第六章 宗教

三种理论,第三种理论是《圣经》和早期基督徒的理论。

依据《圣经》和历史的权威,霍布斯主张早期基督徒认为不存在非物质的灵魂,但肉体可以在最后的审判中复活,在地下永生。确切证据(霍布斯并没有提及)是希腊异教徒直接把逝者埋葬在地下,使灵魂从肉体中释放出来往冥府去。早期的基督徒将逝者埋葬于石棺和地下墓穴中,保证肉身不被玷污和损耗,做好在基督第二次来临时重生的准备。

很明显霍布斯赞同这个观点,因为他否认非物质灵魂的存在,但他也引用了《圣经》作为论据。他在《利维坦》第3章附录中提道(CL540):

> 在我阅读《马太福音》第27章第52节的过程中,我发现耶稣被钉死在十字架上时,从坟墓中升起来的是他的死去的肉体而不是灵魂。

对于霍布斯而言,重要的是人类不是像笛卡儿所认为的那样能自然而然地获得永生,而是要依靠神圣的救赎。亚当吃了生命树的果子就可以永生,但只要吃了分别善恶树上的果子就会死。正如霍布斯在《利维坦》第38章中所提到的(CL301):

> 我们知道亚当是在这样的条件下创造的:只要不违背上帝的命令他就可以永远都住在天堂,这是上帝安排的住所。天堂里有

生命树和分别善恶树，生命树的果子可以随意吃，分别善恶树上的果子不能吃。一旦吃了，就会被上帝驱逐出去［《创世记》第3章第22节至第23节］以防他吃下生命树的果子而获得永生。显然创造亚当，不是因为亚当的本性，而是上帝的恩惠，即只要亚当吃下生命树的果子就能永生。这么看来，如果亚当没有犯错的话，他会一直住在天堂，永远不会死。但是因为原罪，他和他的后代都将像凡人一样有死去的那天。

基于有时对《圣经》牵强的解释，霍布斯又说，基督被上帝救赎的永恒生命将存在于大地之上。正如他在《利维坦》第38章中所提到的（CL302）：

> 人们会在哪里享受他们的永生呢？从《圣经》中摘录的两篇文章似乎在暗示我们，这个地方就是地球。自从亚当被驱逐出天堂而无法获得永生后，基督决定要重建一个与天堂一样的地方使那些相信他的人获得永生。

霍布斯承认天堂的存在，但他认为，天堂是上帝的宝座而不是人们将要度过永生的地方。正如他在英文版的《利维坦》第38章中所说的那样（CL313）：

> 我们伟大的主（即上帝）的宝座在天堂，地球只是他的脚

第六章 宗教

凳。上帝的子民的位置同宝座一样高或比脚凳高,似乎都有损上帝的尊严。但在《圣经》中也找不到明显的文本支持我的猜测。

霍布斯留意到如果获救的人来世可以生儿育女的话,会出现空间不足的问题。所以性是来世无法享有的欢愉。正如他在《利维坦》第38章中所提到的(CL303):

> 更进一步地说,救世主曾说过:"复活之后不能嫁娶,但他们就像天国里上帝的天使们一般。"(《马太福音》第22章第30节)这个描述就好比我们有了婚姻,就跟亚当一样无法永生。如果亚当和夏娃没有偷吃禁果的话,他们可以居住在地球中的天堂,但永远没有子孙。因为如果获得永生的人可以像平凡人一样生儿育女的话,用不了多久人类就连站立的空间都没有了。

那么死亡的人和在最后的审判中复活的人又会遭遇什么呢?霍布斯非常清楚,灵魂不会上天堂也不会停留在地狱边境。人们只是死了,直到复活前他们都会一直维持着死亡的状态。正如他在《利维坦》第38章中所说的(CL303):

> 虔诚的基督教徒通过基督的死亡而获得永生,但是他们也会经受生老病死,并在一段时间内维持死亡这种状态,直至复活。

从霍布斯出发
Starting with Hobbes

在《利维坦》第3章附录中,他进一步地阐释了这个观点(CL544):

> A:他们死后,多亏基督通过死亡来救赎人类的罪恶,他们才能拥有一个全新的永恒的生命,这就是我们通常所说的复活。基于这一条教义,在审判之日到来之前死者不朽的灵魂(不管是虔诚还是亵渎)都是不存在的。

> B:在这个问题上,我的立场已经足够鲜明了,但是我想再补充一下。我困惑的是如果他们相信来世,怎么能说他们违反了基督教的信仰所以有罪呢?这无关乎是否认同可以再造或得到救赎。还有他们是怎么违背了基督的教导或崇拜的呢?《圣经》(包含基督教的教义)和祷告文(包含基督徒的崇拜)都没有"不朽的灵魂"之类的字眼,但是经常提到"信基督得永生"。

复活人时,上帝都做了什么?上帝只是给了他们生命,就像他在第一次降临时那样。正如他在《利维坦》第1章附录中所提到的(CL506):

> A:对我来说有两大难点。第一是如果说复活就是重新获得生命,那么坟墓里的人是如何重新获得生命的呢?除非他们的灵魂是附加在肉体上的——他们的灵魂要么来自天堂,要么来自地狱边境,要么来自地狱或炼狱。

第六章 宗教

B：什么？上帝用地上的尘土造了人，在人归于尘土时上帝竟然不能使他们复活？

最后，这里有个问题就是最后的审判后发生了什么？除了天国的灵体无性别之分以外，霍布斯很少谈论天国里的生命。如果说天堂就在地球上，那么地狱在哪里？在那个时代，霍布斯站在一个仁慈的立场看待这个问题。他认为地狱和下地狱都是不存在的。在复活和最后的审判之后，罪人需要经受第二次死亡。他们的惩罚是失去永生而不是遭受永惩。在《利维坦》第38章中，引用了经文中关于哭泣、哀哭切齿和地狱永火之刑之后，霍布斯说（CL 309）：

> 这些经文都是用隐喻表示痛楚。这是因为他们（那些罪人）看见其他人获得了永乐（eternal happiness），而他们因为不信仰和不服从而丧失了永乐。只有那些遭受痛楚和灾难的人才会妒忌他人的欢愉，因此这些忌妒他人的人会遭受到包括第二次死亡在内的肉体上的惩罚。虽然《圣经》中提到复活，但是我们从没有看到承诺给罪人永生的经文。

所以，唯一能得永生的是那些虔诚的教徒，罪人不会遭受永惩，他们只是会遭受第二次死亡而已。这一切归因于上帝的仁慈。正如霍布斯在《利维坦》第1章附录中提到的（CL 507）：

如果引用上帝利用永罚（eternal tortures）来恐吓罪人的经文，你

从霍布斯出发
Starting with Hobbes

不能从中推断出邪恶的灵魂在他们死的那天和审判的那天之间出现，也不能推断出这些邪恶的灵魂只会出现在审判的那天之后。除此之外，上帝是公平的，你不能认为上帝要永罚罪人就意味着罪人必将遭受永久的惩罚。这对于那些欠债还不上的人来说是不够公平的，但是对那些犯有罪孽者则是仁慈的。上帝是很仁慈的，在不侵犯公平的情况下，他是否更有可能减少应得的惩罚的长度和严重程度？《圣经》上提到"地狱自身会被投入火海中，这就是第二次死亡"[《启示》（*Revelation*）第 20 章第 14 节]。所以似乎恶人会在被复活后投入第二次死亡。

可以肯定的是霍布斯所持有的宗教观是非正统的。而在异端被视作禁忌的时代，正是他的宗教观招致了他的不幸。有时候虽然他对《圣经》及信条的阐释是难以置信的片面的，但是他确实做了大胆的尝试——在受到希腊哲学污染之前重建早期基督教的信仰。他试图摆脱宗教迷信，对永罚的否认也表示他可能站在一个最佳的角度看待问题。

霍布斯的影响

第七章

第一节 宗教和政治哲学

与其他早期的哲学家不同,霍布斯并不是哲学流派或运动的创始人,其他为人所知的哲学包括:笛卡儿哲学、洛克哲学、莱布尼茨哲学、休谟主义。但是,除了个别人是霍布斯的追随者之外,并没有一种哲学叫霍布斯哲学,只有霍布斯的哲学,这就是霍布斯的哲学思想留给大部分人的印象。但事实上这只是一个被滥用的术语,因为没有人会承认自己是霍布斯的追随者。虽然霍布斯有自己的捍卫者和崇拜者,但这些人对在公共场合支持霍布斯的观点持有非常谨慎的态度。如此一来,使得我们更难追溯霍布斯的影响轨迹。

在人们的想象中以及受过教育的人中,受过教育的人应该了解得更多,霍布斯被认为是无神论者,因为他相信唯物论。尽管霍布斯在众多作品中宣称他不是无神论者,但这很难令人信服。一个不相信非物质的人怎么可能相信存在上帝、天使和永生?当时,无神论是根本不可想象的。尽管霍布斯是一个非常拘谨和有节制的人,其他人都认为他放荡不羁。因为他认为人的行为都是由人体内的激情所驱动的,是非善恶取决于每个人的要求和厌恶的情绪。

此外,霍布斯得罪了很多不同的利益集团。他倾向于君主制触怒了民主制的捍卫者;他的世俗主义冒犯了主教和其他牧师;他将《圣

第七章 霍布斯的影响

经》看作是人类在一定历史背景下的智慧结晶得罪了神学家；他对大学的抨击（尤其是对数学）冒犯了学者；他反对言论自由冒犯了自由主义者；他在《利维坦》的最后一部分嘲讽了天主教和唯灵论迷信冒犯了天主教徒和那些认为自然界至少部分属灵的人。他不是简单地抨击利益集团，而是以如此有智慧、合理和有逻辑的方式。这使得反对他的人大为光火。

虽然霍布斯缺少信徒，但他成功地刺激了大量反驳他观点的出版物的出版（出版物数量取决于衡量的标准，但可以肯定的是在英国内外远超过一百种），这是一个惊人的数字，由此可见，他当时的名望（或恶名）。也不必认为这只是带来了消极影响，因为霍布斯为那些希望以同样的方式回击的人提供了合乎逻辑理由充分的论点，使得很多人得以以合理的方式捍卫他们的信仰。有些攻击他的哲学思想的文章标题非常独特，比如我的旁系祖先亚历山大·罗斯（Alexander Ross）1653年所著的《被引上钩的利维坦》（*Leviathan drawn out with a Hook*）、约翰·沃利斯（John Wallis）1656年所著的《对霍布斯或者学校纪律的修正：并非在说他的课程有多正确》（*Due correction for Mr. Hobbes: or, Schoole discipline, for not saying his lessons right*）、约翰·布拉姆霍尔（John Bramhall）1658年所著的《霍布斯的惩罚》（*Castigations of Mr. Hobbes*）和《捕捉利维坦》（*The Catching of the Leviathan*）、约翰·道尔（John Dowel）1683年所著的《异端的利维坦》（*The Leviathan Heretical*）。

在英国，霍布斯至少有两个追随者，他们都不信任他，但他们的

从霍布斯出发
Starting with Hobbes

故事反映了他们对他的感情强度。其中一个追随者是丹尼尔·斯卡吉尔（Daniel Scargill），他是英国剑桥大学科珀斯·克里斯蒂学院的研究员，1668年因持无神论而被撤职。当局迫使他发表一个卑躬屈节的撤回声明，承认自己是霍布斯理论的追随者也是一个沉溺于各种放荡不羁行为的无神论者。声明发表后，他并没有复职。最终在贫困潦倒和默默无闻中度过了余生。另一个追随者罗彻斯特伯爵（the Earl of Rochester）是一个风流才子、诗人。他患有性病，在生命垂危之时听从了反对霍布斯思想的主教吉尔伯特·伯内特（Gilbert Burnet）的劝告，宣布放弃先前的对霍布斯的追崇，并将一切归咎于霍布斯那荒谬愚蠢的哲学思想。然而，没有任何的历史证据表明先前提到的两个人确实是霍布斯的追随者，更不要说他们是被霍布斯的作品折服而变成了无神论者或变得放荡不羁。霍布斯只是非正统信仰或行为的替罪羔羊罢了。

在关于霍布斯的英文书籍里感受到的都是敌意。他的政治和宗教观点在欧洲大陆其他地方反而有不错的反响，很多作品也比较容易买到。他的第一部哲学书籍在法国出版，是对笛卡儿《第一哲学沉思集》的异议。他的拉丁文著作《论公民》在欧洲大陆的各个国家和地区多次出版销售。事实上，他所有的拉丁文著作包括专门准备的《利维坦》译本于1668年在阿姆斯特丹出版，两年后再版。另外，他的一些作品被翻译成各种近代欧洲语言。霍布斯被禁止在英国出版任何与宗教相关的作品，因而客观说来，与英国人相比，欧洲其他地区的人更容易接触到霍布斯的思想。但是，他们也遇到了问题。因为霍布斯的作品不仅

第七章 霍布斯的影响

被列入罗马教廷的禁书之列，且很多时候在一些信仰新教的国家比如荷兰和瑞士也被明令禁止出售。然而这些禁令无形中增加了人们对霍布斯作品的需求，有时候人们会注意到供不应求使得霍布斯作品的出售价格非常高。

正如在英国，有很多书籍表达出了对霍布斯的思想的恐惧。共同的主题是反对"一个自然国家，每个人都会对其他人发动战争"的观点。这样的观点是有争议的，正如亚里士多德所说，公民社会与自然并不矛盾，是人类社会发展过程中自然的产物。但越来越多的人认为霍布斯是一个唯物主义者也是一个不道德的无神论者。

1670 年，斯宾诺莎《神学政治论》(*Tractatus Theologico-Politicus*) 出版，斯宾诺莎加入了霍布斯的行列，在其他人看来，他是一个比霍布斯更为离谱的无神论者。这两个名字在流行的恶魔学（demonology）中联系在一起。很难评估究竟霍布斯对斯宾诺莎产生了多深远的影响。当然，斯宾诺莎有一本霍布斯的著作《论公民》，他本来可以通过 1668 年在阿姆斯特丹出版的《霍布斯著作集》来了解霍布斯其他拉丁语作品的。当然他们的观点惊人地相似：两人都拒绝任何形式的迷信；都将《圣经》看成是人类的创造；都思考社会的起源；都以自然主义来解释伦理；都是决定论者（determinists）；都倾向于泛神论（pantheism）。斯宾诺莎无疑非常开心自己有一个志同道合的思想家，但是几乎没有霍布斯对斯宾诺莎产生直接影响的证据。与此同时，两人的不同点像他们的共同点那样惊人。在宗教方面，斯宾诺莎认为物质世界和精神世界是上帝同时存在的两个方面，然而霍布斯将一切归因于实体。在政治上，斯宾诺莎作为民主主义者提倡言论自由，而霍布斯则作为君主主义者且认为需要审查公共言论。斯宾诺莎并不是霍布斯主义者。

17世纪末18世纪初出现了越来越多的反宗教文学，其中大部分是匿名的。保守的作家将霍布斯和斯宾诺莎妖魔化，而自由的思想家则将霍布斯和斯宾诺莎誉为启蒙的先知。对他们而言，重要的是，霍布斯和斯宾诺莎所谓的"无神论"和对《圣经》的修正主义解释。这个运动在18世纪中期法国百科全书派（encyclopaedists）的理性世俗主义（rational secularism）浪潮中达到高潮，德霍尔巴赫男爵的确是无神论者。

相反，其他更为温和的作家被霍布斯的政治思想强烈吸引，却排斥霍布斯的宗教思想，认为它们太极端。一个有趣的早期例子是有几个笛卡儿的信徒（雅克·杜鲁尔及皮埃尔-西尔万·雷吉斯）写了一些以笛卡儿思想为主要论据的哲学论文，但涉及政治哲学时却大量引用霍布斯在《论公民》中的思想作为支撑。这难道不是一件有趣的事情吗？众所周知，霍布斯和笛卡儿一直以来都是针锋相对的。引用霍布斯的作品也许是因为，一方面笛卡儿根本没有写任何与政治哲学相关的内容；另一方面尽管霍布斯和笛卡儿之间存在差异，但他们都被视作近代哲学的重要人物，笛卡儿的追随者希望笛卡儿哲学能够代替传统的经院哲学。

到目前为止，霍布斯对政治哲学的影响脉络尚待梳理。但他对两个概念的形成所做出的贡献是不能被否认的。第一个是社会契约，他是主要的贡献者。虽然社会契约的思想被后来的哲学家以不同的方式继续完善，但它对约翰·洛克的政治哲学产生了重大影响，而约翰·洛克的思想又对美国宪法产生了深远影响。它还是让-雅克·卢梭哲学思想的基本组成部分，并在现代由哲学家约翰·罗尔斯等人继续发展。

第二个概念是自然法。虽然这个概念并不是霍布斯最先提出，但是他将其以一种独特的方式发展起来。自然法概念对17世纪的法律哲学家塞缪尔·普芬道夫（Samuel Pufendorf）及哲学家约翰·洛克产生了极为重大的影响。与社会契约的概念一样，自然法的概念正在经历一场蜕变，尚处于现代支持者如约翰·芬尼斯（John Finnis）的争论中。

第二节　形而上学

霍布斯在法国流亡时，活跃于以梅森为中心的学术圈。作为近代运动的领军人物，他受到了广泛尊重。他的科学思想、形而上学思想以及政治哲学为他赢得了尊重。他与伽利略、笛卡儿和伽桑狄还有其他两人一并被视作六大顶尖哲学家。回到英国后很长时间内，霍布斯仍受到法国同行的尊重，但是没有证据表明他对法国哲学的发展有任何影响。法国哲学一直受到他的对手笛卡儿的影响。事实上，除了戈特弗里德·威廉-莱布尼茨，霍布斯的形而上学思想似乎对任何人都没有

从霍布斯出发

直接的影响或意义。

霍布斯影响了莱布尼茨,这似乎是有那么一点出人意料。莱布尼茨的哲学基础是:现实的最终组成是非物质的精神物质,这与霍布斯的实体观点完全相反。在青年时期,莱布尼茨简单地接触过唯物主义哲学,也热衷于阅读霍布斯的作品。他认真研读了霍布斯1668年版的拉丁作品还有先前出版的个人作品。他在1670年和1674年分别给霍布斯写了一封真诚的长书信,但均未收到回复。

新机械哲学(new mechanical philosophy)的很多方面都与近代杰出的哲学家[莱布尼茨列出的哲学家有伽利略、培根、伽桑狄、笛卡儿、霍布斯、狄格比(Digby)]的观点有共同之处,因而很难确切了解霍布斯究竟对莱布尼茨产生了多大的影响。莱布尼茨可以从任意一个或所有的哲学思想中获得新哲学的基本原则。但是,有很多独特的思想只能从霍布斯的思想中获得。这些独特的思想为莱布尼茨所用,经大量改动后融入他成熟的哲学思想中,留存下来。

其中一种霍布斯独特思想是所有的推理都只是一种计算的形式或是对已有明确定义的名称的加减。基于此,莱布尼茨有志于建立"通用字符"(universal characteristic),但最终未能实现。就像霍布斯一样,莱布尼茨花了很多时间来制作各学科的关键概念的定义清单。他的最终目标是用数字代码来替代语言定义,将普遍程度不同的概念间的逻辑关系具体化。比如,"人类"的代码,就是在"动物"的概念基础上,加上"理性"的概念。只要能将新概念中涵盖了哪些旧概念解释清楚,这样的推理就是有效的。但在普通语言中,概念的定义是

第七章　霍布斯的影响

有争议的，由于尚未达成一致，争论仍在继续。莱布尼茨受到霍布斯的启发，设想将所有可能的概念编纂成一部字典，并用符号表示，如此一来便没有无休止争论的余地，取而代之的是逻辑顺序上的争论。正如莱布尼茨在一张未标明日期的说明中所说的［《哲学选集七》（*Philosophischen Schriften* Ⅶ）第200页］：

> 但是，回到用字符表达思想这一点上来，我认为除非我们选择放弃复杂的推理链，支持简单的计算；放弃模糊不清的含义，支持明确的字符，否则永远不能解决争议或平息教派纠纷。换言之，这么一来每个谬误都只是一个计算错误，并且用这种新类型的符号表达的每一个诡辩，事实上都只是一个语法或语言错误，用哲学语法的规律就能轻易地证明。一旦这种方式可行，有争议时，会计师间的争论比哲学家间的争论更有意义。这些会计师只需要拿起笔和算盘，对对方（可能会叫来一个双方都认识的人）说："让我们来计算一下吧。"

莱布尼茨实际上设计和构建了一个计算机，可以说是现代计算机的原型。他的愿景是霍布斯的思想的延伸。霍布斯认为，所有的科学推理都应该像几何学那样严谨明确、不容争辩。

莱布尼茨可能从霍布斯的思想中获得的第二个思想是"所有的真理都是可分析的"。在《论物体》第3章第7节中，霍布斯写道：

从霍布斯出发
Starting with Hobbes

真命题是谓语包含主语或谓语是一切主语的名称。比如，"人是一种动物"是真命题，因为任何被称为人的东西都可以被称为动物。"一些人生病了"也是真命题，因为"生病"就是一些人的状态。如果一种命题是假命题则有两种情况，要么命题所陈述的不是事实，要么谓语不包含其主语，比如说"人是一块石头"就是假命题。

这几乎与莱布尼茨反复强调的观点一致。莱布尼茨认为在真命题中主语的概念包含了谓语的概念。两者观点最大的不同在于莱布尼茨认为主语包含了谓语，而霍布斯则认为谓语包含了主语。但是这并不矛盾，霍布斯的定义是向外拓展的，而莱布尼茨的定义是向内延伸的。换句话说，霍布斯认为谓语比主语的外延更大。在主语范畴内的一定也在谓语范畴内，反之则不成立。比如，所有被冠名"人"的一定是动物，而被冠名为"动物"的却不一定是人。莱布尼茨则依据概念的意思来定义命题的真假。假设将人类定义为理性的动物，那么主语"人类"的概念就包含了谓语"动物"的概念。之所以不同，是因为霍布斯是一个唯名论者（nominalist），认为只有存在实物和名称，不能用概念来定义真理。而莱布尼茨是实在论者（realist），认为概念可以单独存在，从逻辑上来看它先于存在的事物而存在。

第三种莱布尼茨可能受到霍布斯影响的方式有一点出人意料。通过阅读本书第二章第六节，我们对霍布斯的观点已经有所了解。他认为虽然感觉不断被在以太和空气中的振动所刺激，我们一次只能产生

第七章 霍布斯的影响

一种有意识的感觉。基于此,他得以区分有意识的感觉和无数的幻象。每次传入的意动(conation)与输出相等或相反的意动相遇,产生无数的幻象。据推测,这是真实的,不仅仅是真实的感官器官,身体之间的任何相互作用也是真实的。正如霍布斯在《论物体》第25章第5节中所谈到的:

> 正如我所说的,所有的感觉都是通过反应而产生,但不一定所有的反应都能产生感觉。我知道有的哲学家认为所有的实体天生就有感觉。我了解过那些观点,不知道如果感觉的本质在于反应的话该如何驳斥这些观点。但是,即使是没知觉的实体在做出反应时也会产生某种幻象,一旦实体消失,幻象就会停止。除非有在物体消失后仍能保留外在运动的器官,像动物的那样,它们的感觉能独立存在,不必伴随感觉到的任何记忆。这与我们现在所谈论的感觉毫无关系。

虽然霍布斯并不赞同活力论者(vitalists)的观点,认为世间万物都是充满活力和感觉的,但两者的观点有相似之处。霍布斯认为幻象是随处可见的。作为彻底的一元论者(主张世界的本原只有一个),霍布斯不得不用同一种基本概念来解释自然界所有现象。所以,虽然他知道无生命的物体、动物和人类这三种物种是有差异的,但他不得不将高等生物的能力解释为相同的力量,其特征是最简单的。如果说幻象是在动物的眼睛捕捉到光束并遇到相等且相反的反应时产生的,那么两个无生命物体间的碰撞也必须如此。动物（包括人类）与其他无生命的物体的不同之处在于动物有知觉和幻象，这些感觉是可能存在的，动物能记得不同时间段的感觉，并能比较它们。倘若幻象出现了，在一瞬间没有被记住，我们对它便是没有意识的。人类的感觉与动物的感觉的区别就在于人类可以对他们所察觉到的东西加以评论，这在前文第三章第四节中已经讨论过。

莱布尼茨也是一个一元论者，但是他是唯心主义一元论者。所以，纵然他的哲学看起来与霍布斯的哲学立场完全相反，但他就像霍布斯一样需要用相同的基本概念来解释三个层面的物体。他认为宇宙是由无限的单子（monads）或者说是非物质的精神原子组成的，它们的特点是有知觉和欲望。最低级的单子是没有意识的。单子组成动物的灵魂，记忆伴随着知觉，因此出现了有意识的知觉。人类有别于其他动物的地方不在于人类掌握了语言这种工具，正如霍布斯所说，而在于人类有自我意识，能够意识到自己是有知觉的。莱布尼茨在他 1671 年的作品《抽象运动的理论》（*Theory of Abstract Motion*）中［《哲学选集四》（*Philosophischen Schriften*）第 230 页］所提到的：

> 除非是在精神领域，否则没有不引起运动的意动能持续比一瞬间更长的时间。在一瞬间发生的是意动，而超过一瞬间发生的是身体的运动。这就为发现身体和精神间真正的区别打开了一扇门，但至今无解。身体有两种情况，有暂时性记忆或没有记忆，因为超过一瞬间的时间，身体便不能同时记住自身的意动和其他躯

第七章 霍布斯的影响

体相反的意动。但是意动和精神必须存在，这样才能产生感觉，即行动和反馈。换言之，比较所以和谐，得到乐趣或痛苦。没有它们就没有感觉。所以身体没有记忆，对于它的行动和热情没有知觉，也没有思想。

最后，让我们把目光聚焦在霍布斯给莱布尼茨带来最重要的影响上，也就是前文曾提到过的欲望的概念。在莱布尼茨发展成熟的唯心主义形而上学之前他写了一本书，名为《抽象运动的理论》。他受霍布斯影响最大，尤其是霍布斯的意动概念理论和无限数量（infinitesimal quantities）理论。他与霍布斯有细微分歧，莱布尼茨的立场大概是：物质世界的最小组成成分是无穷小的；它们天生就存在意动，即无限微小的意动；意动在充满物质的空间无限传播；某一特定的实体会同时经受大量的意动；没有什么东西是处在绝对休息的状态中的。虽然莱布尼茨的成熟哲学与霍布斯的不同，但从霍布斯的物质世界平稳过渡到莱布尼茨后来的无限非物质单子世界，单子世界里的感知和意动是彼此和谐的。

霍布斯的意动概念对莱布尼茨的形而上学思想产生了很大的影响，比这更重要的是，霍布斯的意动概念还对莱布尼茨的数学产生了影响。意动是莱布尼茨发现无穷小微积分的主要概念，这一发现将数学提升到一个全新的高度。霍布斯的数学也许并没有他自己所说的那样好，但他为比他数学更好的人奠定了基础。

从霍布斯出发
Starting with Hobbes

第三节 总结

我希望通过阅读本书，你已经了解到霍布斯是近代政治和科学运动的先驱之一，他的政治哲学仅仅是他诸多思想的一部分。他被欧洲大陆知识分子视作伟人之一。在流亡法国回到英国后，想必他是以一种怀念的心情重温了那段受尊重的与知识分子合作的时光，因为后来他被妖魔化成无神论者和不道德的人，与数学家及主教间也有激烈的冲突。

霍布斯可能赢得了他期望中的持久的名声，但并非以他希望的方式。霍布斯的数学作品令他处于一种尴尬的境地，他未承认错误也削弱了他其他作品的影响力。除了莱布尼茨之外，无论是在英国还是欧洲大陆，霍布斯的哲学系统对哲学或科学的后续发展都没有产生什么影响。虽然他设想他的思想，尤其是语言哲学和唯物主义心理学只是产生影响的时间会晚一些，但并没有证据表明他的思想产生了任何直接影响。霍布斯认为自己是政治科学的奠基人，但即使是在政治科学中，他的理论一般也被视作应当极力避免的极端，而并非可以遵循的例子。这是一个令人悲伤的事实——虽然《利维坦》是政治类课程的必修课，但霍布斯的形而上学作品受到关注的是它们并未被列入近代哲学发展史的课程中。

第七章 霍布斯的影响

霍布斯有得有失，关键在于他所处的时代。与其他大多数近代改革先驱一样，他不是一个学者，他躲过了各种审查邪恶出版物制度的检查，但同时这也扼杀了新的和非常规的想法。如果17世纪的大学与21世纪的大学一样垄断研究成果的话，霍布斯、笛卡儿、斯宾诺莎、莱布尼茨和其他非学术界的人根本不能产生新思想。因为不是学术圈里的人，因而他们可以跳出固有思维模式来思考。但不足在于，他们和印刷工人之间没有那么一个人，能在作品被印刷出来，装订成册前阻止他们用未与其他人讨论过的不成熟的思想自欺欺人。霍布斯的想象力异常丰富，使得他产生了近代思想中的一些最激动人心的想法。他知道他正在打破新的知识基础，但他没有从大学学到什么，至少在他的学生时代是如此。但他分明是过于自信了，至少在数学这一学科是如此，他并不赞赏有生之年所看到的数学学科的进步。他的名声本应该会更好的，如果他当时没有出版在圆求方（squaring the circle）问题上的假设证据，也没有用言语攻击大学数学的话。

但是霍布斯确实是一个伟大独立的思想家。也许能证明他伟大的最好证据就是他的名字如今依然家喻户晓。相对之下，很多当代的哲学专业的学者都很难叫出与霍布斯同时代的其他哲学家的名字。

参考文献

霍布斯的作品

霍布斯的作品主要来源于威廉·莫尔斯沃思（William Molesworth）的版本，虽然有些缺陷，但具有纪念性：

The English Works, 11 volumes（London, Bohn, 1839–1845）= EW.

Opera philosophica quæ latine scripsit omnia, 5 volumes（London, Bohn, 1839–1845）= OL.

之后，出现了一些个人对霍布斯研究的学术作品，但其数量对于一个伟大的英国哲学家来说远低于预期。本书用于翻译的版本是：

An Answer to Dr. Bramhall, EW, volume 4.

N. Malcolm（ed.）(1994), *The Correspondence of Thomas Hobbes*. Oxford: Clarendon Press, 2 volumes.

J. C. A. Gaskin（ed.）(1994), *The Elements of Law*. Oxford: Oxford University Press.

Leviathan（Latin）, OL, volume 3.

E. Curley（ed.）(1994), *Leviathan*（English）. Indianapolis: Hackett.

Objections to Descartes' *Meditations*, in C. Adam and P. Tannery（eds）

(1897—1910), *Oeuvres de Descartes*. Paris: Le Cerf, volume 7, pp. 171–196.

Of Liberty and Necessity, EW, volume 4.

On Body: De corpore, OL, volume 1.

On Body (anonymous contemporary English translation), EW, volume 1.

On the Human Being: De homine, OL, volume 2.

The Questions concerning Liberty, Necessity and Chance, EW, volume 5.

Ten Dialogues of Natural Philosophy, EW, volume 7.

其他主要作品

Anselm (1931), *On Faith in the Trinity and on the Incarnation of the Word, against the Blasphemies of Roscelin: De fide trinitatis et de incarnation verbi contra blasphemias Roscelini*, in *Recherches de Théologie Ancienne et Médiévale*. Louvain: Abbaye du Mont César, volume 3.

Carroll, Lewis (1939), *The Complete Works*. London: The Nonesuch Press.

Descartes (1897—1910), *Discourse on the Method: Discours de la méthode*, in C. Adam and P. Tannery (eds), *Oeuvres de Descartes*. Paris: Le Cerf, volume 6.

Descartes, *Meditations on First Philosophy: Meditationes de prima philosophia*, Adam and Tannery, volume 7.

Descartes, *Treatise on the Human Being: Traité de l'homme*, Adam and Tannery, volume 11.

Descartes, *The World, or Treatise on Light: Le monde, ou, traité de la lumière,* Adam and Tannery, volume 11.

Galileo（1623）, *The Assayer: Il saggiatore.* Rome: Mascardi.

Leibniz（1875—1890）, C. I. Gerhardt（ed.）, *Die philosophischen Schriften* Berlin: Weidmann, 7 volumes.

Plato（1961）, H. N. Fowler（ed.）*Theaetetus and Sophist.* London:Heinemann.

Plato（1929）, R.G. Bury（ed.）, *Timaeus.* London: Heinemann.

霍布斯的传记

Hobbes, *Vita, and Vita carmine expessa,* OL, volume 1.

Aubrey, John（1982）, 'Hobbes', in R. Barber（ed.）, *Brief Lives.* Woodbridge: Boydell, pp. 148–162.

Malcolm, Noel（1996）, 'A summary biography of Hobbes', in T. Sorell（ed.）, *The Cambridge Companion to Hobbes.* Cambridge: Cambridge University Press, pp. 13–44.

Martinich, A. P.（1999）, *Hobbes: A Biography.* Cambridge, Cambridge University Press.

Malcolm, Noel（2004）, 'Hobbes', in H.C.G. Matthew and B. Harrison（eds）, *Oxford Dictionary of National Biography.* Oxford: Oxford University Press.

霍布斯的影响

MacDonald, Ross George（2007）, 'Leibniz's debt to Hobbes', in P. Phemister and S. Brown,（eds）, *Leibniz and the English-Speaking World.* Dordrecht: Springer, pp. 19–33.

Mintz, Samuel I.（1962）, *The Hunting of Leviathan*. Cambridge: Cambridge University Press.

Malcolm, Noel（2002）, Hobbes and the European Republic of Letters, *Aspects of Hobbes*. Oxford: Clarendon Press, pp. 457–545.

其他推荐书目

阅读了这简短的介绍后，我希望你会想更深入地了解霍布斯，阅读霍布斯自己的作品无疑是一个好途径，我会建议你将《法律原理》作为入门读物，这是你最容易找到的一部作品。

读完后，我建议你可以读读《利维坦》，尤其是可以仔细品读第一部分和第二部分，这两部分涵盖了霍布斯的形而上学思想和政治哲学的所有要素。

在阅读时，为了便于更好地理解，我建议可以先读读格伦韦（Glen Newey）的《劳特利奇霍布斯与利维坦的哲学史导读》（*Routledge philosophy guidebook to Hobbes and Leviathan*, London, Routledge, 2008）。

如果你觉得阅读霍布斯时代的英语很困难，我已将上述作品的大部分（和其他更多的作品）翻译成了现代英语，并免费提供在以下网站：

http://www.philosophy.leeds.ac.uk/GMR/hmp/texts/modern/hobbes/hobbesindex.html.

以下所列出的一些书籍能比本书更细致地展现出霍布斯哲学的全貌：

Malcolm, Noel（2002）, *Aspects of Hobbes*. Oxford: Clarendon Press.

Oakeshott, Michael（1975）, *Hobbes on Civil Association*. Oxford:

Blackwell.

Peters, Richard (1956) , *Hobbes*. Harmondsworth: Penguin.

Pettit, Philip (2008) , *Made with Words*: Hobbes on Language, Mind, and Politics. Princeton: Princeton University Press.

Raphael, David (1977) , *Hobbes: Morals and Politics*. London: Allen and Unwin.

G. A. J. Rogers and Alan Ryan (eds) , *Perspectives on Thomas Hobbes*. Oxford: Clarendon Press.

Quentin Skinner (1996) , *Reason and Rhetoric in the Philosophy of Hobbes*. Cambridge: Cambridge University Press.

Sorell, Tom (1986) , *Hobbes*. London: Routledge.

Sorell, Tom (ed.)(1996) , *The Cambridge Companion to Hobbes*. Cambridge:Cambridge University Press.

Strauss, Leo (1936) , *The Political Philosophy of Hobbes: Its Basis and its Genesis*. Tr. Elsa Sinclair. Oxford: Clarendon Press.

Warrender, Howard (1957) , *The Political Philosophy of Hobbes: His Theory of Obligation*. Oxford: Clarendon Press.

Watkins, John (1973) , *Hobbes's System of Ideas: A Study in the Political Significance of Philosophical Theories* (2nd edn) . London: Hutchinson.

Wright, George (2005) , *Religion, Politics, and Thomas Hobbes*. Dordrecht:Springer.

索引

（条目后的页码为本词条出现在原英文版书中的页码）

algebra 74
analysis and synthesis 34–5
angels 49–50
Anglicanism 134–7
animal spirits 26, 53
animals 34, 36–7, 53, 55–6, 61, 67, 95–9, 169
Anselm, St. 62
Answer to Dr. Bramhall 150, 153
antitypy 20
appetite and aversion 89–91
Aquinas, St. Thomas 52, 142, 155
aristocracy 122–5
Aristotle 51–61, 75, 139–43
arithmetic 35, 38, 72
atheism 16, 149, 161, 164
Aubrey, John 15–16
Augustine, St. 53, 155
Austin, J. L. 113, 145

Bacon, Francis 8, 21, 166
Ballistics 12
Behemoth 16, 113
Berkeley, George 20
Bess of Hardwick 7
body 32–3, 50, 57
Boyle, Robert 15, 59
brain 28, 53, 101
Bramhall, John 12, 99, 150, 153

Catholicism 134, 139, 142–3

cause and effect 25, 34–7, 40, 75–80, 83–7
Cavendish, Charles, brother of 1st earl of Newcastle 9, 12
Cavendish, Charles, son of Bess of Hardwick 7
Cavendish, William, 1st earl of Newcastle 7, 11–12
Cavendish, William, 2nd earl of Devonshire 7, 11–13
Cavendish, William, 3rd earl of Devonshire 7, 10–11
Cavendish, William, 4th earl of Devonshire 7
Cavendish, William, 2nd husband of Bess of Hardwick 7
censorship 4, 16, 130–2
chance 85
Charles I 13
Charles II 12–13, 15–16
Christianity 130, 138–43
Cicero 102
circle, squaring of the 15, 72–3, 172
Clifton, Gervase 9
commonwealth 120–2
composition and resolution 34–5
conation 27–9, 81–3, 89–92, 168–71
conceptualism 61–4
consciousness 55–6, 169–70
contingency 84–7

215

从霍布斯出发
Starting with Hobbes

Copernicus, Nicolas 110
copula 140–3
Cratylus 62
Cromwell, Oliver 13, 121

death 93, 154–60
definition 39–41, 44, 166
deliberation 93–6
democracy 120–4
Derry, Bishop of: *see* Bramhall, John
Descartes, René 10–11, 21, 26, 28, 32–3, 52–6, 70, 74, 79, 90, 102, 144, 155, 164
determinism 83–8, 96–100
Devonshire, earls of: *see* Cavendish
Digby, Kenelm 11, 166

Elements of law 11, 13, 22–3, 29, 63, 96, 98, 144, 146
emotions 28–9, 53, 93, 106
endeavour, *see* conation
equality 100–3
ether 25, 32, 36, 58–9, 80, 87, 150, 153–4, 168
Euclid 9–10, 39–40, 73–5
evil 91–2, 106, 109, 161
externality 26–33
eye 25–7, 55

freedom 94, 96–100, 128–31

Galilei, Galileo 10, 19–25, 34, 110
Gassendi, Pierre 11, 165–6
geometry 9, 15, 35–41, 72–5
ghosts 50–2
God 35–7, 86–7, 99–100, 112–13, 136–40, 143–59
good 91–3, 106, 109
gravitation 79–80

happiness 92–3, 159
Harvey, William 29, 110
heart 28–9, 53, 111
hell 155, 158–9
heresy 16
holism 86
Hume, David 20, 55

immortality 16, 51–2, 156–60
infinitesimals 82–3, 90, 170–1
infinity 68–70
intelligence 100–4

Kant, Immanuel 20, 28, 31, 37, 55, 73
knowledge 33–41, 61

language 37–42, 43–6, 62–3, 66–7, 113, 116, 140, 144–5
law of nature: *see* natural law
Leibniz, Gottfried 31, 56, 79–80, 165–71
Leviathan 4–5, 13–14, 23, 25, 35, 43–4, 50, 56–7, 69, 88–9, 93, 101, 103–7, 111–14, 117–23, 125–38, 142–3, 149–53, 156–9
Leviathan 113–14
life 28, 53, 60, 89, 92–3, 111–13, 154–9
light 23–7, 55, 58–9, 87, 150, 153
Locke, John 55, 117, 165
Lucretius 58

memory 34, 90, 169–70
Mersenne, Marin 10–14, 57, 165
miracles 71, 135, 137
monarchy 122–6
motion 23–7, 28–32, 36–7, 53–4, 77, 80–3, 89–92, 170

natural law 106–9, 129, 165
nature, state of 92, 103–11, 117–19
necessity 86, 96–7
Newton, Isaac 79–80
nominalism 62–6

Objections to Descartes' Meditations 11, 49, 54–6, 144, 163
Of Liberty and Necessity 86
On body 1, 3, 10, 12, 14, 22, 25, 27–34, 37, 39–42, 50, 58, 64–71, 74, 77, 80–8, 97, 110, 167–8
On the Citizen 1, 3, 11–12, 110, 163–4

On the Human Being 1, 10, 14, 36, 53, 88, 90, 97
Optical Treatise 10, 25, 39, 88

pain 28–9, 91, 97–8, 155, 159, 170
peace 105, 106–9, 129–33
perception, theories of 18–24
person 114–15
phantasm, phantasy 26–31, 34, 47, 49, 65, 81, 89–90, 140, 168–9
Plato 27, 30, 38, 53, 60–1, 72, 76, 94, 114, 155
pleasure 28–9, 97–8, 155, 170
point 82–3
political philosophy 36, 110–14
possibility 84–6
pushing and pulling 24–5, 79–80
Pythagoras 72

qualities, primary and secondary 19–23, 29–33
Questions concerning Liberty 99

realism 59–61
reason 21, 32–5, 42–3, 51, 64, 101, 106, 108, 143, 166–7
right of nature 107–8
Rochester, Earl of 163
Roscelin, Jean 62
Royal Society 14, 59

Sadducees 149
Sarpi, Pietro 8
Scargill, Daniel 162
science 33–7, 59, 110–11
sensation 27, 29–30, 89, 168–70
social contract 114–20, 128–9, 165
Socrates 118
solidity 32

soul 26, 28, 37, 51–6, 60, 90, 92–4, 100, 149, 155–9
sovereign 111–22, 123–38
space 31–3, 69–71
species 18–19, 22–4
Spinoza, Benedict de 151, 163–4
spirit 26, 50–3, 135, 143, 150–5, 169–70
squaring the circle 15, 72–4, 172
state 35–6, 111–16
Stoic philosophy 20, 151
Suárez, Francisco de 45
substance 19, 32, 48–53, 135, 138, 140, 149–50
summum bonum 92–3
sun 21, 27–8, 33, 79–80

Ten Dialogues 16, 81, 153
Tertullian 149, 152
Torricelli, Evangelista 57
truth 66–8, 167–8

unconscious, the 27, 90
universals 38, 59–66
universities 14, 23–4, 43–4, 73, 131–3, 139, 172

vacuum 15, 56–9, 153
Viète, François 74–5
visual stream 27

Wallis, John 15, 162
war 103–6, 127, 129
Warner, Walter 9
White, Thomas 11–12
will 93–6
witches 51
Wittgenstein, Ludwig 44, 142

内容简介

《从霍布斯出发》以不同的主题为框架,从多方面呈现了霍布斯哲学思想原始叙述的内容,引领读者全方位地了解霍布斯。本书不仅阐述了霍布斯作为英国伟大的政治理论家的重要性,还展示了他的政治思想与更广泛的哲学思想相结合的过程,并紧密结合当时的历史背景,探讨他与其他思想家之间的关系,探究他对后期思想家产生的影响。

作者简介

乔治·麦克唐纳·罗斯（George MacDonald Ross）,英国利兹大学哲学高级讲师,高等教育学会哲学和宗教课题研究中心主任。2006年他因为在英国高等教育中对改进教学做出的贡献而获得国家教学奖。

译者简介

周婕睿,浙江工商大学外国语言学及应用语言学专业翻译理论与实践方向硕士,曾获第二届LSCAT杯浙江省笔译大赛二等奖。

马瑞洁,浙江工商大学外国语言学及应用语言学方向硕士,参与多部哲学翻译作品。

苏珊珊,浙江工商大学外国语言学及应用语言学专业硕士,参与多个翻译项目。